Vogt | Antike Skepsis

Katja Maria Vogt

Antike Skepsis

Aus dem amerikanischen Englisch
übersetzt von Johanna Helene Schmitt

Reclam

RECLAMS UNIVERSAL-BIBLIOTHEK Nr. 14575
2024 Philipp Reclam jun. Verlag GmbH,
Siemensstraße 32, 71254 Ditzingen
Gestaltung: Cornelia Feyll, Friedrich Forssman
Druck und Bindung: Esser printSolutions GmbH,
Untere Sonnenstraße 5, 84030 Ergolding
Printed in Germany 2024

ISBN 978-3-15-014575-3

www.reclam.de

1. Die Kernfragen

Das griechische Wort *Skepsis* bedeutet Untersuchung. Dementsprechend sind Skeptiker wörtlich übersetzt ›Untersuchende‹. Nicht alle antiken Philosophen, die wir im Rückblick als Skeptiker einstufen, verwenden selbst diese Bezeichnung. Doch ist ihnen allen gemein, dass sie ihr Leben der Suche und Untersuchung widmen. Antike Skepsis befasst sich gleichermaßen mit Meinung wie auch mit Erkenntnis. Solange keine Erkenntnis gewonnen ist, geben die Skeptiker zu nichts ihre Zustimmung – denn diese Zustimmung wäre, in ihren Begriffen, bloße Meinung, und Meinung gilt es zu vermeiden. So ergibt sich ein außerordentlich anspruchsvolles Projekt: ein Leben gänzlich ohne Meinung.

Antike Skepsis ist hauptsächlich ein Phänomen der hellenistischen Philosophie, die auf die klassische Blütezeit der antiken Philosophie folgt. Akademische und pyrrhonische Skepsis tauchen ungefähr im 3. Jahrhundert v. Chr. auf und verschwinden mit Sextus Empiricus im 2. Jahrhundert n. Chr. Ähnlich wie heutige Philosophie entwickelt sich die hellenistische Philosophie im Dialog mit anderen Denkern. Die Skeptiker – unter anderem Pyrrhon, Timon, Arkesilaos, Carneades, Aenesidemus und Sextus Empiricus – setzen sich mit vorsokratischer Philosophie, Sokrates, Protagoras' Relativismus, Platon und vermutlich zumindest teilweise mit Aristoteles auseinander. Ihre zeitgenössischen Gesprächspartner sind die Epikureer, Stoiker, Kyniker und megarischen Logiker.[1]

1 Siehe Long 2006, Kap. 4 und 5.

Die Kernbegriffe von antiker Skepsis sind Meinung, Urteilsenthaltung, Kriterium der Wahrheit, Erscheinungen und Untersuchung. Jene Konzepte, die in moderner Skepsis wichtig sind – wie Wissen, Gewissheit, gerechtfertigte Meinung und Zweifel –, spielen in antiker Skepsis keine oder beinahe keine Rolle. Das bedeutet aber keineswegs, dass antike Denker sich nicht mit Themen beschäftigt hätten, die in heutigen philosophischen Diskussionen eine Rolle spielen. Antike Debatten behandeln Fragen, die heutzutage in der Erkenntnistheorie, Sprachphilosophie und Handlungstheorie lebhaft diskutiert werden. Hierbei konzentrieren sich diese Debatten auf die Natur von Meinung und ihre Rolle in unserem Denken, auf die Beziehung zwischen Meinung, Sprechen und Handeln und auf die mentalen Zustände, die wir während der philosophischen Suche einnehmen.[2]

Für antike Skeptiker sind Behauptungen ein Ausdruck von Dogmatismus. Dennoch hat Sextus Empiricus, der bekannteste antike Skeptiker, viele Schriften verfasst. Es stellt sich also die Frage, ob Skeptiker über ihre eigene Philosophie sinnvoll sprechen können, ohne Behauptungen darüber aufzustellen, was der Fall ist.[3]

Skeptische Texte haben ein eigentümliches Format, das interpretative Herausforderungen mit sich bringt. Skeptiker haben zum Ziel, ihre Philosophie so zu beschreiben, wie sie

2 Zu der Rolle antiker Skepsis in der Geschichte der westlichen Philosophie bis zur Gegenwart siehe Lagerlund 2020; zu der Beziehung zwischen antiker Skepsis und zeitgenössischen philosophischen Debatten siehe Machuca/Reed 2018, Machuca 2020, Vlasits/Vogt 2020.

3 Bett 2013.

sie praktizieren, ohne dabei eigene Theorien oder Lehrsätze zu vertreten. Skeptische Ideen wurden oft mit miteinander verknüpften Einwänden attackiert: Sie seien etwa selbstwiderlegend, inkonsistent oder widersprüchlich.[4]

Ein anderer Einwand wird oft mit dem britischen Philosophen David Hume assoziiert: »Die Natur ist immer stärker als alle Prinzipien«. Wie Hume es ausdrückt: »Ein Pyrrhoneer kann nicht erwarten, dass seine Philosophie einen beständigen Einfluss auf unseren Geist haben wird«[5]. Dabei geht es nicht allein darum, ob Skepsis eine kohärente philosophische Position darstellt. Es ist fraglich, ob es (wie antike Pyrrhoneer für sich in Anspruch nehmen) überhaupt möglich ist, Skepsis zu leben – unabhängig davon, wie oft man sich skeptische Argumente vor Augen führt.[6]

Wie auch in der späteren Erkenntnistheorie üblich, beginnen antike Skeptiker mit Fragen über die Natur von Wissen. Doch drehen sich ihre Diskussionen schnell um Meinung.[7] Der griechische Begriff, der hier mit ›Meinung‹ übersetzt wird, lautet *doxa* und kann auch mit ›Vorstellung‹, ›Urteil‹ oder ›Überzeugung‹ übersetzt werden. Die Wurzel von *doxa* ist *dokein*, also ›scheinen‹. Wenn jemand eine Meinung hat, scheint dieser Person etwas soundso zu sein. Doch ist auch ein Element von Urteil oder Akzeptanz im Spiel. Das entsprechende Verb, *doxazein*, bedeutet oft ›urteilen, dass etwas soundso ist‹.

4 Castagnoli 2010.

5 David Hume, *Eine Untersuchung über den menschlichen Verstand*, engl./dt., hrsg. von Falk Wunderlich, übers. von Herbert Herring, Abschn. 12, Tl. 2, Stuttgart 2016, S. 409.

6 Johnson 2001.

7 Fine 2000.

Hellenistische Diskussionen kennen drei Haltungen, die Denkende gegenüber Eindrücken (d. h., wie Dinge ihnen zu sein scheinen) einnehmen können: 1. Zustimmung, 2. Ablehnung und 3. Urteilsenthaltung (*epochē*).

Urteilsenthaltung ist ein Kernelement der Skeptiker. Doch wenn das bedeuten sollte, dass Skeptiker überhaupt keine Meinungen haben oder bilden, käme dies einer Art kognitiven Selbstmordes gleich. Denn es scheint eine grundlegende Tätigkeit des menschlichen Denkens zu sein, Meinungen zu bilden; manche Meinungen erwerben wir vielleicht sogar auf passive Weise. Es ist nicht klar, ob Menschen ohne Meinungen ein normales Leben führen könnten. Es ist sogar fraglich, ob man ohne Meinungen überhaupt überleben kann; so jedenfalls argumentieren antike Gegner der Skeptiker. Denn möglicherweise erfordern sogar die einfachsten Handlungen, wie etwa ein Zimmer zu verlassen, ohne gegen die Wand zu laufen, Meinungen.[8] Es ist auch fraglich, ob jemand, der es geschafft hat, keinerlei Meinungen zu haben, mit anderen kommunizieren und philosophische Gespräche führen könnte, und sogar, ob eine solche Person überhaupt imstande wäre, zu denken.

Die antiken Skeptiker kennen diese Einwände nur allzu gut. Der meistdiskutierte Einwand lautet, dass man ohne Meinungen nicht handeln könne (*Apraxia*-Einwand). In ihrer Antwort beschreiben Skeptiker ihre Handlungen wahlweise als durch das Wahrscheinliche, das Überzeugende oder durch Erscheinungen geleitet. Dem Begriff von Erscheinung kommt in pyrrhonischer Skepsis eine große Bedeutung zu; seine Interpretation ist strittig und kom-

8 Annas-Barnes 1985, S. 7; Burnyeat 1980.

plex.[9] Gesetzt den Fall, dass jemandem etwas soundso zu sein scheint: Beinhaltet dies für Skeptiker, dass diese Person in irgendeinem Sinne ein Urteil fällt? Oder gehen die Skeptiker von einer rein phänomenalen Art des Erscheinens aus? Den skeptischen Vorschlägen (dass sich Skeptiker an dem orientieren, was wahrscheinlich ist, was überzeugend ist, oder an Erscheinungen) ist gemeinsam, dass sie sich auf etwas beziehen, das schwächer sein soll als voll ausgebildete Meinungen darüber, wie Dinge beschaffen sind, das aber trotzdem hinreichend sein soll, skeptische Tätigkeit anzuleiten.

Die Behauptung, dass antike Skepsis von Meinung, während moderne Skepsis von Wissen handelt, stellt eine Vereinfachung dar. Nicht nur antike Skepsis denkt über Meinung nach – Descartes spricht wiederholt davon, Meinungen niederzureißen.[10] Und auch zeitgenössische Erkenntnistheorie befasst sich mit den Begriffen von Meinung und Wissen. Der spezifische Ansatz der antiken Skepsis in Bezug auf Meinungen wird verständlicher, wenn wir uns einem dritten Begriff zuwenden, der in antiken Diskussionen eine zentrale Rolle spielt: das Kriterium der Wahrheit. Die Skeptiker und ihre Gegner diskutieren die Frage, wie man einen wahren Eindruck als solchen erkennt. Gibt es eine Klasse von Eindrücken, die als offensichtliche und evidente Dinge gelten können? Diese Eindrücke, wenn es sie denn gibt, könnten als Maßstäbe oder Kriterien verwendet werden, so dass nichts als wahr anzuerkennen wäre, wenn es nicht mit diesen Dingen übereinstimmt. Die

9 Barney 1992.
10 Bspw. in *Med.* 2: 12, *AT* 7: 18; vgl. Broughton, 2002, S. 33–61.

Stoiker und Epikureer haben entsprechende Theorien über solche Kriterien formuliert. Die Skeptiker reagierten kritisch auf diese Vorschläge. Daher nimmt das Konzept eines Wahrheitskriteriums eine zentrale Rolle in antiken Debatten ein, so wie es das Konzept von Wissen in modernen Diskussionen tut. Diese Debatte umfasst eine detaillierte Analyse der Sinneswahrnehmung und ihrer Beziehung zu Meinung. Nach Epikur sind alle Sinneswahrnehmungen wahr, während Urteile, die auf diesen Wahrnehmungen beruhen, wahr oder falsch sein können.[11] Die Stoiker untersuchen Unterschiede zwischen Sinneswahrnehmung, Sinnestäuschung und Halluzination.[12] Ihre Theorie des Wahrheitskriteriums nimmt Sinneseindrücke zum Ausgangspunkt, die entweder auf eine bestimmte, klare Weise die Dinge erfassen und hierdurch ›erfassend‹ sind oder eben diesen Anspruch nicht erfüllen.[13] Die Stoiker vertreten die Norm, dass wir nur erfassenden Eindrücken zustimmen sollen und dass wir dementsprechend unsere Meinungen ausschließlich auf Grundlage einer Unterart von wahren Sinneseindrücken bilden.

Diskussionen über das Wahrheitskriterium sprechen teils Fragen an, die später mit Bezug auf den Begriff von Gewissheit diskutiert werden. Die Stoiker sind der Meinung, dass eine bestimmte Art von Eindruck, nämlich der erfassende Eindruck, das Wahrheitskriterium sei. Erfassende Eindrücke machen durch sich selbst klar, dass sie die Dinge genau so zeigen, wie sie sind. Dieser Begriff wird damit zum

11 Striker 1977, Vogt 2017.

12 Vasiliou 2019.

13 Shogry 2018.

Vorläufer des späteren Konzeptes von klaren und distinkten Eindrücken und somit von Diskussionen über Gewissheit.

Kommen wir nun zu dem Begriff von Zweifel. Zweifel wird oft als das wesentliche Merkmal der Skepsis verstanden. Doch wie kann es dann sein, dass sich antike Skepsis nicht um Zweifel kümmert?[14] Wenn man ›zweifeln‹ nur als ›in Frage stellen‹ versteht, könnte man sagen, dass die antiken Skeptiker Dinge anzweifeln. Aber skeptische Untersuchungen, wie sie von Sextus Empiricus beschrieben werden, erfordern keinen Zweifel.[15] Skeptiker sind sich der Unstimmigkeiten zwischen verschiedenen Eindrücken voll und ganz bewusst. Diese Erfahrung beschreiben sie als Zustand innerer Aufgewühltheit.[16] Nach Sextus' Darstellung wollten sie dieser inneren Unruhe zu Beginn beikommen, indem sie entscheiden, welche der Eindrücke wahr und welche falsch sind. Doch führte sie diese Untersuchung zur Urteilsenthaltung, die Seelenruhe mit sich bringt.[17]

Wo in dieser Erklärung sollten wir aber nun Zweifel verorten? Ist die anfängliche innere Aufgewühltheit, die antike Skeptiker empfinden, eine Art von Zweifel? Sind die Untersuchungen der antiken Skeptiker eine Art von Zweifel? Sollten wir Urteilsenthaltung als eine Art Zweifel beschreiben? Jede dieser drei Phasen mag Zweifel zumindest insofern ähneln, als die antiken Skeptiker sich nicht auf Antworten zu den Fragen, die hierbei untersucht werden, festgelegt haben.

14 Corti 2010, Vogt 2014a.

15 Hier beziehe ich mich vor allem auf den Pyrrhonismus; zu Ciceros Verwendung von *dubitari* siehe Abschn. 3.3.

16 Machuca 2019.

17 *Grundriss der Pyrrhonischen Skepsis* [*PH*] 1.25–30.

Zugleich unterscheiden sich diese drei Phasen auch von jener Form des Zweifels, wie er in späterer Erkenntnistheorie verstanden wird. Die antiken Skeptiker charakterisieren sich selbst nämlich nicht als Denker, die gezielt das bezweifeln, was sie für gewöhnlich glauben würden, wie einige Philosophen in der cartesianischen Tradition es getan haben. Stattdessen befinden sich antike Skeptiker in einem Zustand innerer Aufgewühltheit, weil ihnen die Dinge unstimmig zu sein scheinen. Zudem unterscheidet sich der Werdegang, den antike Skeptiker beschreiben, von dem Zweifel-Meinung-Modell, mit dem spätere Denker operieren. Die antiken Skeptiker verbessern ihren psychischen Zustand, indem sie sich von einem Zustand innerer Aufgewühltheit hin zur Urteilsenthaltung bewegen, nicht jedoch, indem sie Zweifel beseitigen. Es scheint daher ratsam, sich davon zu verabschieden, den modernen Begriff von Zweifel als fundamental für das Verstehen von antiker, griechischer Skepsis aufzufassen.

Die antike Skepsis ist davon geprägt, dass sie von Philosophen entwickelt wurde, die sich selbst genuin als Skeptiker verstanden haben. Insbesondere frühneuzeitliche Skepsis ist größtenteils von Philosophen entwickelt worden, die darauf abzielen, Skepsis zu widerlegen. Antike Skepsis wird dagegen von Skeptikern entwickelt und somit von Philosophen, deren Leben ihre Philosophie widerspiegeln soll.[18] Die Diskussionen um ein Leben ohne Meinungen sind von einem sokratischen Ideal inspiriert. Sokrates stellt die kühne Behauptung auf, dass es wahrhaft schlecht sei – für unser Leben, für den Zustand unserer Seele und so

18 Cooper 2021, Kap. 5.5–7; Bett 2013b.

weiter –, wenn unseren Handlungen ungeprüfte Meinungen zugrunde liegen. Denn wir wissen nicht, ob diese Meinungen nicht vielleicht falsch sind, und ohne Überprüfung beabsichtigt man noch nicht mal, sich von falschen Meinungen zu befreien, was schlecht für die Seele sei. Nur ein geprüftes Leben sei lebenswert.[19] Wenn wir diese Forderung ernst nehmen, wie die antiken Skeptiker es getan haben, lassen wir uns auf eine Untersuchung ein, die unser eigenes Leben betrifft. Unsere Meinungen, so die Grundannahme in dieser vorskeptischen Phase, leiten unsere Handlungen. Gerade deshalb scheint Vertrauen in ungeprüfte Ansichten unangebracht zu sein. Im alltäglichen Leben kommt es regelmäßig zu Meinungsverschiedenheiten. Als Beleg für eine jede dieser Meinungen können verschiedene Argumente, der Verweis auf Sitten und die eine oder andere Erfahrung angeführt werden. Diese konfligierenden Argumente, Sitten und Erfahrungen müssen untersucht werden. Doch führt das nur zu weiteren Ansichten, die sich gegenseitig widersprechen. Als Folge scheint rationalerweise Urteilsenthaltung bezüglich jeder dieser Ansichten rational gefordert zu sein. Gleichzeitig ist es rational, die Untersuchung nicht aufzugeben, gerade weil es so wichtig ist, wie man lebt. Die Skeptiker verschreiben sich der Suche nach Wahrheit, selbst wenn diese Suche jedes Mal – und das absehbarerweise – zu Urteilsenthaltung führt.[20]

19 Cooper 2007.
20 Cooper 2021.

2. Skeptische Ideen in früher und klassischer griechischer Philosophie

2.1 Frühe griechische Philosophie

Die frühen griechischen Philosophen haben Unterscheidungen zwischen Realität und bloßen Erscheinungen, Wissen und Meinung und dem Nichtoffensichtlichen und dem Offensichtlichen getroffen. Diese Unterscheidungen stellen den konzeptuellen Rahmen dar, in dem Skepsis verstanden werden kann. Die Idee, dass wir Wahrheit und Wissen erlangen, wenn wir uns von den gewöhnlichen Belangen sterblicher Lebewesen lösen, prägt einen großen Teil des frühen griechischen Denkens. Doch nur wenige frühe griechische Denker scheinen skeptische oder vor- bzw. proto-skeptische Tendenzen zu haben. Xenophanes und Demokrit bilden vielleicht die prominentesten und deutlichsten Ausnahmen.

Xenophanes ist für den Gedanken berühmt, dass alle Vorstellungen von den Göttern anthropomorph und kulturell bedingt sind, bzw. noch grundlegender, dass sie dadurch bedingt sind, welches Lebewesen sich die Götter vorstellt.[21] Die Äthiopier beten zu Göttern, die wie Äthiopier aussehen, die Thraker zu Göttern, die wie Thraker aussehen.[22] Hätten Pferde und Kühe Hände, würden die Pferde Bilder von Göttern malen, die wie Pferde aussehen, und die Kühe würden Götter malen, die wie Kühe ausse-

21 DK 21 B14, B15.
22 B16.

hen.[23] Xenophanes stellt mehrere eigene theologische Thesen auf. Doch ist er auch der Meinung, dass kein Mensch die eindeutige Wahrheit über solche Angelegenheiten wissen könne. Er formuliert hier eine Überlegung, die die Diskussionen über Skepsis nachhaltig prägen sollte: Selbst dann, wenn jemand es fertigbringen sollte, zu sagen, was tatsächlich der Fall ist, würde diese Person dies nicht wissen. Daher sei alles bloße Meinung.[24]

Atomismus – eine Theorie, die in hellenistischen Zeiten als Physik der Epikureer weiterentwickelt wird und ein Gegenspieler von Skepsis ist – führt zu schwierigen erkenntnistheoretischen Fragen. Ein Atomist kann argumentieren, dass Sinneswahrnehmungen komplexe Interaktionen zwischen Gegenständen und der Wahrnehmungsaktivität von Subjekten sind. Die Gegenstände, die wir wahrnehmen, bestehen aus Atomen, die im Leeren in Bewegung sind. Dasselbe gilt für unsere Wahrnehmungsaktivität. Eine spezifische Wahrnehmung ist dann entsprechend ein Produkt aus der Interaktion dieser Atome-in-Bewegung. Als Produkt von Welt und Wahrnehmungsapparat einer Person ist jede Wahrnehmung quasi privat. Wir nehmen weder ›die tatsächliche Wirklichkeit‹ (Atome und Leere) noch makroskopische Gegenstände und ihre Eigenschaften (wie z. B. einen quadratischen Turm) wahr. Demokrit scheint in diese Richtung gehend argumentiert zu haben,[25] und dementsprechend kann seine atomistische Auffassung von Wahr-

23 B15.

24 120: B34. Siehe Sassi 2011 zu Interpretationen von Äußerungen von Xenophanes, die die Geschichte von Skepsis beeinflussen.

25 SE *M* 7.135–9; cf. fr. 9, SE *M* 7.136; Theophrastus, *De Sensibus* 2.60–1, 63–4.

nehmung als grundlegend für eine bestimmte Art von Proto-Skepsis angesehen werden.

Demokrits Schüler Metrodorus von Chios sagt am Anfang seines Buches *Peri physeôs* (*Über die Natur*): »Ich behaupte, dass wir nicht wissen, ob wir etwas wissen oder ob wir nichts wissen; ja nicht einmal eben dies, dass wir nicht wissen oder wissen; und insgesamt nicht, ob es etwas gibt oder ob es nichts gibt.«[26] Diese Formulierung zeugt von dem Bewusstsein, dass eine Aussage wie »Es gibt kein Wissen« philosophisch naiv ist, da sie gegen sich selbst gerichtet werden kann. Insbesondere Metrodorus misst dem Verstehen von Konzepten in solchen Aussagen korrekterweise eine zentrale Bedeutung bei. Weiß jemand, der eine solche Aussage trifft, etwas? Und wenn ja, genügt es hierfür, die verwendeten Begriffe zu verstehen? Sextus denkt, Metrodorus' Äußerungen seien einer anderen, enigmatischen Idee ähnlich, die er zwei anderen Philosophen zuspricht, nämlich dem Demokritus-Schüler Anaxarchus von Abdera und dem Kyniker Monismus.[27] Von beiden heißt es, sie hätten existierende Dinge mit einem Bühnenbild verglichen. Dieser Vergleich, den Burnyeat mit der griffigen Formulierung »die ganze Welt ist ein Bühnenbild« fasst, lässt eine ganze Bandbreite an Interpretationen zu.[28]

Für Monismus, so Burnyeat, hat dieser Vergleich wahrscheinlich eine moralistische Konsequenz, in die Richtung gehend von »alles ist eitel«. Demokritische Philosophie und auch spätere Skepsis, die die Idee von der Welt als Bühnen-

26 Cicero, *Acad.* 2.73; Hamburg 1995 = DK 70B1; SE *M* 7.48, 87–8; Eusebius, *Praep.* (*22d: cf. Fine 2008*).

27 SE *M* 7.87–88.

28 Burnyeat 2017.

bild aufgreift, scheint sie dagegen erkenntnistheoretisch und eventuell auch metaphysisch verstanden zu haben.

Die Sophisten des 5. Jahrhunderts v. Chr. entwickeln Formen des Debattierens, mit denen sie in die Fußstapfen der Skeptiker treten.[29] Sie nehmen für sich in Anspruch, auf überzeugende Weise für beide Seiten einer Frage argumentieren zu können sowie eine kompetitive Kunst der Widerlegung entwickelt zu haben. Zudem sind die Sophisten an einer Unterscheidung zwischen Natur und Konvention interessiert. Von einigen der frühesten griechischen Autoren wird die prägende Rolle von Sitten und Gesetzen diskutiert; hier ist etwa an Pindars »das Gesetz ist König« zu denken, ein Ausspruch, der vielfältig interpretiert wurde, etwa von Herodot. Die Sophisten diskutieren die Idee, dass, wenn Dinge für verschiedene Kulturen verschieden sind, es keine Tatsachen darüber gibt, wie diese Dinge wirklich sind. Die Skeptiker setzen sich sowohl mit dem Begriff von Natur als auch mit dem Begriff von Konvention auseinander. Pyrrhonische Skepsis arbeitet teils mit dem Argument, dass etwas, was von Natur aus F ist, für jeden F ist bzw. jeden als F affiziert.[30] Außerdem bringt der Pyrrhonismus den Begriff von Konvention mit dem Begriff von Erscheinung in Verbindung, so dass Skeptiker, indem sie sich an Erscheinungen halten, ein konventionelles, normales Leben führen können.[31] Doch spielt in antiker Skepsis die Unterscheidung zwischen Natur und Konvention keine tragende Rolle, und es gibt keine skeptische

29 Bett 2020b.

30 Siehe Abschnitte 4.2 und 4.4.

31 Siehe Abschnitt 4.

Schule, die sich selbst auf ›moralische‹ Skepsis, oder Skepsis in Bezug auf Werte, beschränken würde.

Sextus Empiricus, dessen Schriften die detaillierteste überlieferte Schilderung der pyrrhonischen Skepsis darstellen, betont, wie weit die Skeptiker sich von allen anderen Philosophen entfernen. Nach seiner Darstellung sind Vorsokratiker, die einige der oben beschriebenen Ansichten vertreten haben, Dogmatiker. Sie stellen Behauptungen über Natur, Realität, Wissbarkeit usw. auf. Eine weitere, recht detaillierte Schilderung von pyrrhonischer Skepsis findet sich in Diogenes Laertius' Werk *biōn kai gnōmōn tōn philosophiai endokimēsantōn* (*Leben und Meinungen berühmter Philosophen*) 9.61–116. Diese Schilderung enthält eine Vielzahl von Verweisen auf frühe griechische Dichter und vorsokratische Philosophen, die vermuten lassen, dass diese Denker Ideen formuliert haben, die skeptischen Ideen ähneln.[32] Es wird kontrovers diskutiert, ob die Skeptiker, über die Diogenes berichtet, eine solche Abstammung für sich selbst auch tatsächlich beanspruchen würden. Eine Alternative hierzu bestünde darin, dass andere Philosophen den Skeptikern vorgeworfen haben, in einigen Punkten mit nichtskeptischen Denkern übereinzustimmen. Dies würde bedeuten, dass sie von ihrer nichtdogmatischen Richtlinie abweichen, ein Vorwurf, den Skeptiker dann widerlegen müssten.[33] Beide Lesarten legen nahe, die einflussreiche Beurteilung von Diogenes' Bericht von Jonathan Barnes zu hinterfragen.[34] Barnes zufolge sind

32 §§ 61–73.
33 Warren 2015.
34 Barnes 1992.

die Abschnitte des Berichts, die sich auf die Nähe zwischen Pyrrhonismus und Ideen in Dichtung und frühem Denken beziehen, philosophisch wenig ergiebig. Entgegen dieser Einschätzung könnte es sich als fruchtbar erweisen, die Gedanken ernst zu nehmen, die Pyrrhon früheren Denkern zuschreibt, und ihre Rolle im Pyrrhonismus zu untersuchen. Pyrrhon scheint Homer als Vertreter von Ansichten über Veränderung, menschliche Rationalität und Sprache zu sehen, die er selbst akzeptiert bzw. als Inspiration seiner eigenen Vorschläge benennt.

2.2 Platon

In Platons *Apologie* versucht Sokrates, folgendes Problem zu lösen: Das Delphische Orakel sagt, dass niemand weiser sei als Sokrates. Aber Sokrates hält sich selbst nicht für weise. Er stellt weder die Wahrheit des Orakelspruchs noch seine Selbstwahrnehmung in Frage. Daher muss er herausfinden, wie beide Aussagen miteinander vereinbar sein können. Wie kann es sein, dass niemand weiser ist als Sokrates, und Sokrates zugleich nicht weise ist? Um diese Frage zu klären, spricht Sokrates mit einer Reihe von unterschiedlichen Experten in Athen: mit Politikern, Dichtern und Handwerkern. Wie sich herausstellt, denken sie alle, dass sie große und wichtige Dinge verstehen. Im Gespräch mit ihnen zeigt sich dagegen für Sokrates, dass sie das in Wahrheit nicht tun. Denn wann auch immer sie aufgefordert werden, ihre Ansichten zu erklären, können sie keine rational zufriedenstellenden Gründe angeben. Sokrates weiß, dass er selbst nichts über diese wichtigsten Dinge weiß;[35] seine Gesprächspartner, so scheint es, wissen nicht, dass sie solches Wissen nicht haben. In dieser Hinsicht ist Sokrates weiser als alle anderen, die auf die eine oder andere Weise den Ruf haben, weise zu sein. Im Zuge der Wiedergabe seiner Gespräche mit anderen sagt Sokrates etwas Rätselhaftes: »Über mich selbst weiß ich, dass ich nichts weiß«.[36] Manche Leser (sowohl antike als auch moderne) verstehen Sokrates so, dass er behauptet, nichts zu wissen. Eingedenk der Bedenken, die schon Xenophanes formuliert hat, wäre diese Aussage problematisch. Denn wenn er nichts weiß, wie würde Sokrates wissen, dass er nichts weiß? Doch erlaubt es uns der Kontext des Dialoges, seine Behauptung so zu deuten, dass dieses Problem nicht auftritt. Sokrates weiß, dass er nichts über wichtige Dinge weiß, das heißt zum Beispiel über Fragen nach dem Universum, Gut und Schlecht oder über die Götter. Er sagt also nicht, dass er nichts weiß, sondern dass er kein Wissender in einem anspruchsvollen Sinn ist, demzufolge man Antworten auf große Fragen hätte. Weil aber diese Fragen aus seiner Sicht tatsächlich wichtig sind, tritt Sokrates für die kritische Untersuchung sowohl der eigenen Ansichten als auch der Ansichten anderer Menschen ein. Solche Untersuchungen sind der einzige Weg, Antworten auf die Fragen zu finden, die wirklich wichtig sind.

Sokrates' Selbstverpflichtung zur Vernunft – zur Untersuchung als dem alleinigen Weg, etwas herauszufinden – inspiriert die Skepsis der hellenistischen Akademie.[37] So-

35 *megista*; 22d.
36 22d: cf. Fine 2008.
37 Cooper 2004b, Vogt 2013.

krates nimmt an, dass wir unser Leben auf Grundlage unserer Meinungen führen. Daher muss man seine eigenen Meinungen untersuchen und diejenigen über Bord werfen, die sich als falsch herausstellen; sonst führt man möglicherweise ein schlechtes Leben. Sokrates' Untersuchung beschränkt sich dabei nicht auf Werte. Auch wenn ethische Fragen der Ausgangspunkt sind, führen sie unmittelbar zu Fragen über die Seele, die Götter, Wissen und Ähnliches. Für Sokrates und die hellenistischen Denker, die in seine Fußstapfen treten wollen, können Fragen über ethische Werte nicht getrennt von Fragen der Psychologie, Physik und Erkenntnistheorie behandelt werden.

Eine andere Strömung skeptischen Denkens setzt bei Fragen über die Natur von philosophischen Untersuchungen an. Im *Menon* formuliert Platon ein berühmtes Problem: Wie ist Untersuchung möglich? Wir können weder das, was wir wissen, noch das, was wir nicht wissen, untersuchen. Im ersteren Fall ist es nicht nötig, etwas zu untersuchen; eine Untersuchung über das, von dem wir bereits Wissen haben, würde nichts Neues zu Tage fördern. Im letzteren Fall würden wir nicht wissen, wonach wir suchen sollten, und würden es gar nicht erkennen, wenn wir es gefunden haben sollten.[38] Daher können wir keine Untersuchungen anstellen. Sokrates bezeichnet dieses Argument als eristisch, womit er darauf aufmerksam macht, dass dies ein Problem ist, das Sophisten aufgeworfen haben (vgl. Platons *Euthydemus*).

Platons Lösungen dieses Problems sind schwierig zu beurteilen.[39] Lernen ist Wiedererinnern, besagt ein Vor-

38 Platon, *Menon*, 80d–86c.
39 Fine 2014.

schlag, den Sokrates mit Bezug auf Priester und Priesterinnen anführt. Wir haben bereits Wissen, wenngleich nur implizit oder latent; Untersuchung bzw. »Lernen« macht dieses Wissen explizit. So lautet die berühmte *Anamnesis*-Lösung (81a–d). Wenn wir es aufgeben, zu untersuchen, seien wir faul, besagt das sogenannte »faule« Argument (81d–e). Eine dritte Lösung besagt, dass die Problemstellung eine falsche Prämisse impliziert, nämlich dass wir etwas entweder wissen oder in der Sache gänzlich unwissend sind. Entgegen dieser Prämisse scheint es, dass es einen dritten Zustand gibt, nämlich Meinung (83a–86a). Untersuchung kann dann also mit Meinungen beginnen.

Im *Menon* wird eine Kombination dieser Lösungen durchdacht. Platon entwickelt eine sogenannte hypothetische Methode (86c–100b). Das bedeutet, dass die Gesprächspartner ihre Meinungen – etwa »Tugend ist etwas in der Seele« (88c) – als Hypothesen verstehen und als solche als Prämissen zur Diskussion stellen. Dabei vertreten sie diese Meinungen nicht selbst. Sie stellen sie nur als Hypothesen auf und verwenden sie als solche in ihren Untersuchungen.[40]

Ein pseudo-platonischer Dialog, der *Sisyphus*, diskutiert ein Problem, das dem eristischen Problem aus dem *Menon* ähnelt, allerdings nicht mit Bezug auf Untersuchung, sondern mit Bezug auf Überlegung. Entweder fußt Überlegung auf Wissen oder sie ist bloßes Raten; in beiden Fällen ist Überlegung unmöglich. Auch hier können wir die Frage stellen, ob die Unterscheidung zwischen Wissen und

40 Zu der Beziehung zwischen pyrrhonischer Skepsis und Platons und Aristoteles' Begriffen von Hypothese vgl. Corti 2011.

Nichtwissen erschöpfend ist oder ob ein Fokus auf Meinung die Lage ändert.[41]

Platon diskutiert und reformuliert mehrere metaphysische Überlegungen, die proto-skeptische und frühe skeptische Intuitionen stützen. Die relevanten Passagen sind über mehrere Dialoge verteilt, doch sind die vielleicht wichtigsten Passagen im *Phaidon*, dem *Staat*, *Theaitet* und *Timaios* zu finden. In diesen Dialogen entwickelt und analysiert Platon eigene metaphysische Vorschläge. Dabei setzt er sich auch kritisch mit metaphysischen Theorien auseinander, die er letzten Endes nicht akzeptiert. Er buchstabiert diese Theorien teilweise bis ins Detail aus, um sie genauer zu durchdenken. Dabei führt er oft einen vorsokratischen Vorgänger als Vertreter einer bestimmten Idee an. Diese Diskussionen sind eine große Inspirationsquelle für pyrrhonische Skeptiker, die an etwas interessiert sind, was man Metaphysik der Unentscheidbarkeit nennen könnte.[42]

Indem Platon die Ideen mit dem Wahrnehmbaren kontrastiert, diskutiert er, was Eigenschaften sind. Zum Beispiel gilt für alle Sinnesgegenstände, dass A in Relation zu irgendeinem B groß und klein in Relation zu irgendeinem C ist. Kein Gegenstand hat *an sich* die Eigenschaft, groß zu sein. Wenn wir etwas groß nennen, dann vergleichen wir es mit etwas anderem, betrachten es aus einer bestimmten Perspektive usw. Wir können daher sagen, dass ›groß‹ und ›klein‹ relative Prädikate sind. Doch vielleicht funktionieren noch viel mehr oder tatsächlich alle Prädikate auf diese Weise, selbst wenn das nicht offensichtlich sein sollte. Pla-

41 Fine 2021, Kap. 8.
42 Bett 2000, Vogt 2021.

tons Argumente führen zu der Frage, ob es denkbar ist, dass alle unsere Prädikate in diesem speziellen Sinne relativ sind. Wir stellen uns für gewöhnlich die Welt als mit Objekten ausgestattet vor, die Eigenschaften haben; doch angenommen, dass alle unsere Prädikate relativ sind, könnte das unsere Vorstellung von der Welt auf grundlegende Weise ändern. Solche Überlegungen führen zu einer weiteren Frage zu Eigenschaften in der sinnlich wahrnehmbaren Welt. Sollte es der Fall sein, dass ein Zaun niedrig und hoch ist, eine Wolke hell und dunkel, eine Vase schön und hässlich usw., dann scheint es so zu sein, dass wahrnehmbare Dinge möglicherweise generell F und nicht-F sind. Nur die Idee von F ist F; also nur die Idee des Schönen ist schön. Auch wenn die relevanten Passagen schwierig zu interpretieren sind, ist es ausreichend deutlich, welcher Gedankengang die späteren Skeptiker beeinflusst. Die Skeptiker setzen sich mit der Frage auseinander, ob dann, wenn etwas F und nicht-F zu sein scheint, es nicht wirklich (oder: nicht von Natur aus) F oder nicht-F ist.

Im *Timaios* argumentiert Platon, dass eine Theorie der natürlichen Welt nur ›bildhaft‹ bzw. ein *eikos logos* ist. Sehr allgemein formuliert geht es hier darum, dass Theorien jeweils dem Bereich angemessen sein müssen, mit dem sie befasst sind. Gewisse Explananda sind selbst bildhaft und damit so beschaffen, dass Theorien über sie dementsprechend auch nur bildhaft sein können. Dieser Gedanke hat Vorläufer in Xenophanes und Parmenides.[43] Der Begriff, der hier als ›bildhaft‹ wiedergegeben wird – *eikos* –, kann auf vielfältige Weise übersetzt werden, u. a. als ›wahrschein-

43 Bryan 2012.

lich‹. Akademische Skeptiker verwenden verschiedene Begriffe des Plausiblen und Überzeugenden. Damit führen sie diese Tradition weiter, auch wenn sie nicht mehr auf Grundlage der Annahme operieren, dass verschiedene Phänomenbereiche verschiedene Arten von Theorien erfordern.

Im *Theaitet* durchdenkt Platon einen Relativismus, der mit einigen Sophisten assoziiert wird. Dabei analysiert er Relativismus als eine globale Theorie, die sich nicht auf den Bereich von Kultur oder Werten beschränkt. Sokrates (als Hauptsprecher des Dialoges) schreibt Protagoras Relativismus zu. Protagoras ist berühmt für den Ausspruch »der Mensch ist das Maß aller Dinge«. Sokrates reformuliert diese Behauptung auf folgende Weise: Was für A der Fall zu sein scheint, ist für A wahr, und was für B der Fall zu sein scheint, ist für B wahr. Wenn wir diese Prämisse akzeptieren, so Sokrates, dann gibt es keinen rationalen Weg, unsere Wahrnehmungen im Wachzustand unseren Wahrnehmungen im Schlaf vorzuziehen. Gleiches gilt für Wahrnehmungen im nüchternen verglichen mit Wahrnehmungen im betrunkenen oder in einem Wahnzustand. In jedem dieser Zustände sind unsere Wahrnehmungen für uns wahr. Sokrates analysiert Relativismus in mehreren Schritten, wobei er auf immer radikalere Implikationen verweist. Im Zuge dieser Analyse ersinnt er eine moderate Flussmetaphysik, in der Gegenstände keine stabilen Eigenschaften haben. Dabei zeigt er letztendlich, dass Relativismus einer noch extremeren, revisionistischen Flussmetaphysik verpflichtet ist. Damit es möglich ist, dass das, was für A der Fall zu sein scheint, für A wahr ist und das, was für B der Fall zu sein scheint, für B wahr ist, kann es keine stabile Welt geben, auf die A und B beide Bezug nehmen. Stattdessen gilt »alles ist in Bewegung«.[44] Die Skeptiker verwenden Versionen einiger der Argumente im *Theaitet*, ohne aus ihnen allerdings relativistische Schlüsse zu ziehen. Schematisch gesprochen behaupten Relativisten, dass, wenn X für A F ist und für B F*, dann ist X F-für-A *und* F*-für-B. Pyrrhonische Skeptiker von der Art, wie wir sie bei Sextus beschrieben finden, bewerten dies als dogmatisch. Sie reagieren stattdessen mit der fortgeführten Untersuchung der Frage, ob X entweder F oder F* ist oder sowohl F und F* oder weder F noch F*.

2.3 Aristoteles

Aristoteles setzt sich an mehreren Stellen seiner Werke mit dem *Menon*-Problem auseinander. So weist Aristoteles darauf hin, dass man, um eine erfolgreiche Untersuchung vorzunehmen, zuerst eine wohlformulierte Frage braucht. Man muss den Knoten kennen, um ihn zu lösen. Um zu wissen, wonach man suchen muss, und um zu erkennen, wann man es gefunden hat, muss man zuerst die relevanten Schwierigkeiten durchdenken und dadurch eine Frage formulieren. Wenn man das getan hat, dann wird man in der Lage sein, die Lösung zu erkennen, wenn man auf sie stößt.[45] Diese Ideen sind in höchstem Maße relevant für hellenistische Diskussionen. Die Skeptiker sind Untersuchende, und ein anti-skeptischer Vorwurf lautet, dass, falls Skeptiker tatsächlich nichts wissen, sie noch

44 Tht. 179c–184b.
45 Met. 3.1, 995a24-b4.

nicht einmal die Fragen formulieren können, die sie untersuchen.

Einige Beiträge zur Forschungsliteratur haben einen Gegensatz zwischen Aristoteles und den Skeptikern betont. Aristoteles ermöglicht uns, Probleme zu formulieren und zu durchdenken, um zu verstehen, wie Dinge beschaffen sind. Für die Skeptiker mag das anders sein: Die Auseinandersetzung mit verschiedenen Perspektiven über philosophische Probleme führt sie zur Urteilsenthaltung.[46] Andere Beiträge argumentieren, dass die skeptische Art, Probleme zu durchdenken, den kognitiven Zustand der Denkenden verbessert, auch wenn sie sich nicht auf eine Antwort auf eine gegebene Frage festlegen.[47] Zudem verweisen Forschende auf Denkweisen in Platon und Aristoteles, die nicht vorrangig darauf abzielen, Ergebnisse zu erhalten. Im Nachsinnen mögen Denkende immer wieder die gleichen Fragen durchdenken; auch wenn sie nicht zu einer Antwort gelangen, verbessert diese Tätigkeit ihren kognitiven Zustand.[48]

In den *Zweiten Analytiken* 1.1 führt Aristoteles aus, dass alles Lehren und Lernen durch Dinge zustande kommt, die wir bereits wissen. Wenn wir Fragen stellen, haben wir bereits ›dass-Wissen‹ und ›was-Wissen‹. Wenn wir z. B. Fragen über Dreiecke stellen, müssen wir wissen, dass es Dreiecke gibt – ansonsten hätten wir keine Fragen über ihre Eigenschaften. Wir müssen auch einen Begriff davon haben, was Dreiecke sind. Wir zeichnen eben ein Dreieck, nicht

46 Long 2006, Code 2010.
47 Vogt 2012a, Kap. 5.
48 Olfert 2014.

ein Quadrat, wenn wir eine Frage zu den Eigenschaften von Dreiecken stellen.

Aristoteles bietet noch eine weitere Lösung für das im *Menon* formulierte Problem an, ob und wie Untersuchung möglich ist. Einzelne Sinneswahrnehmungen sind erste Ausgangspunkte; komplexere kognitive Aktivitäten entstehen auf der Grundlage von einfacheren Aktivitäten. Viele einzelne Sinneswahrnehmungen führen zu Erinnerung, zu Erfahrung und letzten Endes zu Expertenwissen.[49] Mit den Generalisierungen von Erinnerung, Erfahrung und Expertise entsteht die Fähigkeit, etwas zu untersuchen. In Bezug auf Skepsis ist ein Aspekt dieses Vorschlags besonders wichtig, nämlich dass Aristoteles zufolge die Ausgangspunkte einer Untersuchung selbst nicht gerechtfertigt werden müssen.

Wie schon Platon setzt Aristoteles sich mit Protagoras' *homo mensura*-Lehre auseinander. In Aristoteles' Reformulierung besagt diese Lehre, dass alle Vorstellungen (*dokounta*) und Erscheinungen (*phainomena*) wahr sind.[50] Wäre das der Fall, sagt Aristoteles, müsste alles zur gleichen Zeit wahr und falsch sein. Aristoteles argumentiert, dass frühere Denker zu solchen Ansichten gekommen sind, weil sie das Sein ausschließlich mit dem Wahrnehmbaren identifiziert haben.[51] Weil sie sich in dieser Annahme verstrickt haben, haben sie nicht gesehen, wer oder was zwischen konfligierenden Sinneseindrücken entscheiden kann. Den Anhängern der *homo mensura*-Lehre erscheint es unbefriedigend, die Ansichten von erkrankten und wahnsin-

49 Met. 1.1, An. Post. II. 19.
50 Met. 4.5.
51 4.5, 1010a1–3.

nigen Menschen nur aus dem Grund beiseitezuschieben, weil sie eine Minderheit darstellen. Sie fragen, warum man etwas für wahr halten sollte, was die größere Anzahl von Menschen für wahr hält. Aristoteles spricht auch weitere Motive an, die er früheren Denkern zuschreibt und die später in der pyrrhonischen Skepsis eine Rolle spielen: dass Dinge verschiedenen Lebewesen auf unterschiedliche Weisen erscheinen, und dass sie der gleichen Person zu verschiedenen Zeiten auf unterschiedliche Weisen erscheinen.[52]

In *Metaphysik* 4.4 verweist Aristoteles auf eine Reihe von Ansichten, die auf die eine oder andere Weise mit der Verneinung des Prinzips des ausgeschlossenen Widerspruchs zu tun haben.[53] Er sagt, dass einige Menschen behaupten, dass dasselbe sein und nicht sein könne und dass es möglich sei, dies tatsächlich zu glauben. Mit dieser Formulierung spricht er zwei verwandte dialektische Situationen an. Erstens kann man fragen, was zu antworten ist, wenn jemand das Nichtwiderspruchsprinzip leugnet. Zweitens kann man fragen, ob es überhaupt möglich ist, die Verneinung dieses Prinzips wirklich zu glauben, oder ob die, die das Prinzip leugnen, dies nur sagen. Aristoteles hält den Leugnern des Nichtwiderspruchsprinzips entgegen, dass dieses das festeste aller Prinzipien sei. Es zu verneinen zeuge von einem Mangel an Bildung. Mit angemessener Bildung erkenne man, für welche Dinge Beweise gesucht werden müssen und für welche nicht.[54] Es ist unmöglich, dass es Demonstrationen für alles geben solle. Sonst wür-

52 4.5, 1009b1–11.
53 Castagnoli 2010, 1.5.4.
54 Siehe auch An. Post. 1.3.

den Demonstrationen *ad infinitum* geführt werden. Forschende verweisen oft auf diesen Punkt, wenn sie die skeptischen Modi und insbesondere Argumentformen, die Agrippa zugeschrieben werden,[55] diskutieren. Aus Aristoteles' Perspektive begehen die Skeptiker vermeintlich genau den Fehler, für alles eine Begründung einzufordern.[56]

Aristoteles setzt diesen Gedankengang auf eine Weise fort, die höchst relevant für Diskussionen über skeptische Sprache und Handlung werden sollte. Eine Person, die verneinen möchte, dass dasselbe nicht zugleich sein und nicht sein kann, hat zwei Optionen, nämlich entweder nichts zu sagen oder mit uns zu diskutieren. Im ersten Fall ist eine Widerlegung unnötig. Eine solche Person ist wie eine Pflanze – sie spricht nicht. Im zweiten Fall bedeuten die geäußerten Worte entweder etwas oder nichts. Wenn sie etwas bedeuten, dann sagen sie aus, dass etwas soundso sei, und dies läuft für Aristoteles darauf hinaus, dass die Äußerung sich selbst widerspricht. Wenn die Worte nichts bedeuten, dann zählen sie nicht als sprachliche Äußerung. Selbst wenn die Person Worte äußert, spricht sie gar nicht mit uns (und auch nicht mit sich selbst).

Aristoteles führt die Pflanzen-Metapher auch in Bezug auf Handlung an.[57] Eine Person, die nichts glaubt, ist wie eine Pflanze, denn sie kann nicht handeln. Streben und Vermeiden belegen, dass Menschen Meinungen haben.[58]

55 Siehe Sektion 4.3.
56 Zu diesem Thema in der späten Aristotelischen Logik siehe Malink 2020.
57 1008b10–30.
58 Zu Aristoteles und Skepsis vgl. die entsprechenden Artikel in Irwin 1995.

3. Akademische Skepsis

3.1 Arcesilaus

Mit Arcesilaus (316/315–241/240 v. Chr.) und seiner Übernahme der Leitung der Akademie (266/268 v. Chr.) wird Platons Akademie skeptisch. Arcesilaus bezeichnet sich selbst nicht als Skeptiker – diese Bezeichnung erfolgte erst später. Doch steht Arcesilaus am Anfang einer Neuorientierung in der Geschichte der platonisch inspirierten Philosophie. Er entdeckt Sokrates den Untersuchenden gewissermaßen wieder, und zwar vermutlich auf Grundlage seiner eigenen Interpretation von Platons Dialogen.[59] Sokrates' Selbstverpflichtung zur Untersuchung, zum Überprüfen und Durchdenken der eigenen Meinungen und der Meinungen anderer sowie seine Leidenschaft dafür, Falschheiten auszujäten, bilden die Ausgangspunkte seiner akademischen Skepsis.[60]

Durch die gesamte Geschichte dieser skeptischen Schule hindurch bleiben diese Charakteristika und die mit ihnen einhergehende Selbstverpflichtung zu einem vernunftgeleiteten Leben bestehen.[61] Arcesilaus verteidigt ein skeptisches Leben ohne Meinungen, motiviert von dem Gedanken, dass die Vernunft selbst – solange man ihr gewissenhaft und treu folgt – uns dazu führt, auf diese Weise zu leben. Für Arcesilaus folgt das Skeptische der Vernunft oder basiert auf ihr. Damit ist die akademische Skepsis ein direk-

59 Thorsrud 2018.
60 Cicero, *Acad.* 2,74, 1.46.
61 Cooper 2004b, Vogt 2013.

ter Konkurrent anderer philosophischer Entwürfe; Stoiker und Epikureer nehmen ebenso für sich in Anspruch, ein vernunftgeleitetes Leben zu entwerfen. Arcesilaus setzt sich mit den Erkenntnistheorien dieser Zeitgenossen auseinander. Die Akademiker stellen insbesondere in Frage, ob es ein Wahrheitskriterium gibt, wie sowohl Epikureer als auch Stoiker behaupten.

Eine interpretative Frage, die Arcesilaus und auch spätere akademische Skeptiker betrifft, ist besonders schwierig. Seneca[62] zufolge behaupten die Akademiker paradoxerweise, zu wissen, dass nichts gewusst werden kann. Dies ist die Art von Aussage, die Xenophanes und Sokrates vermeiden und die entsprechend als offenkundig problematisch erscheinen mag. Forschende sind unterschiedlicher Ansicht, wie dieser und ähnliche Berichte mit dem Bild von akademischen Skeptikern als genuin Suchenden vereinbar ist.[63] Sextus Empiricus zufolge meinen die akademischen Skeptiker, dass alles »unerfassbar« sei.[64] Ist »alles ist unerfassbar« das Einzige, was wissbar ist? Läuft die These von ›Nichterfassbarkeit‹ (*akatalepsia*) auf die generelle Behauptung hinaus, dass es kein Wissen gibt? Die akademischen Skeptiker verwenden hier scheinbar einen Begriff, der in der stoischen Erkenntnistheorie zuhause ist. Dies ermöglicht eine alternative Erklärung. Die Akademiker könnten auf dialektische Weise den stoischen Begriff von *katalēpsis* (›Erfassen, Begreifen‹) verwenden und nur dafür argumentieren, dass der stoische Begriff von Erfassen nicht

62 Brief 88, 44.
63 Allen 2017.
64 *PH* 1.226, cf. *PH* 1.3.

überzeugend ist.[65] Wenn dies ihre Strategie ist, vermeiden sie ein Problem, das bereits ihre Vorgänger zu vermeiden wussten.

Genau wie Sokrates hat Arcesilaus keine eigenen Schriften angefertigt. Seine Ansichten müssen aus Sextus' Vergleichen zwischen pyrrhonischer und akademischer Skepsis, aus Ciceros Diskussionen in den *Academica* und aus einer Reihe von kürzeren und oft feindseligen Berichten gezogen werden. Hauptthemen in Arcesilaus' Philosophie sind:

(i) seine dialektische Methode,
(ii) die Frage, ob es ein Wahrheitskriterium gibt,
(iii) seine Verteidigung der Fähigkeit der Skeptiker, zu handeln.

(i) Methode

Arcesilaus vertritt eine Methode, die von der Forschung als dialektisch bezeichnet wird und vermeintlich von Sokrates inspiriert ist.[66] Sie geht so vor, dass ein realer oder vorgestellter Gesprächspartner gefragt wird, was er über eine bestimmte Frage denkt. Im Anschluss wird diese Ansicht eingehend geprüft, wofür die Prämissen des Gesprächspartners verwendet werden. Diese Prüfung besteht wesentlich in einem Test, ob die Gesprächspartner ihre Positionen erklären können, ohne sich dabei in Widersprüche zu verstricken und ohne Implikationen akzeptieren zu müssen, die

65 Allen 2022.
66 Couissin 1929 [1983], Perin 2013, Thorsrud 2018.

sie eigentlich ablehnen wollen. Als eine Konsequenz dieser Methode scheint es manchmal so zu sein, als ob Skeptiker während der Untersuchung einer Sichtweise positive Aussagen treffen, z. B. »Also, dies-und-das ist nicht soundso.« Doch sollte dies innerhalb eines dialektischen Austauschs so gelesen werden: »Aus deinen Prämissen folgt, dass dies-und-das nicht soundso ist.«

Diese Methode bleibt ein Schlüsselelement der griechischen Skepsis. Auch wenn die verschiedenen skeptischen Schulen Varianten der dialektischen Methode entwickeln, bleiben skeptische Argumente oft dadurch charakterisiert, dass die Skeptiker sich selbst im Diskurs mit ›dogmatischen‹ Gesprächspartnern verstehen. In dieser skeptischen Tradition, wie sie etwa von Sextus Empiricus beschrieben wird,[67] sind Dogmatiker Philosophen, die positive Antworten auf philosophische Fragen über die Wirklichkeit, Wissen, ethische Werte o. Ä. geben und diese Antworten auch verteidigen. Sie müssen dies nicht auf besonders starrsinnige oder engstirnige Weise tun, um entsprechend der skeptischen Terminologie als Dogmatiker zu gelten.

(ii) Das Wahrheitskriterium

Zenon, der den Stoizismus begründet hat, ist etwa 20 bis 30 Jahre älter als Arcesilaus. Er verbrachte viele Jahre in der Akademie, zunächst als Student und später, um zentrale Elemente der stoischen Lehre zu entwickeln. Wie Arcesilaus beruft auch er sich auf Sokrates. Zenon wurde zum Teil von den gleichen Ideen wie die Skeptiker inspiriert. Insbe-

67 Siehe Abschnitt 4.4.

sondere setzt er sich mit der sokratischen These auseinander, dass Wissen Tugend ist, oder mindestens außerordentlich wichtig für Tugend ist. Im Gegensatz zu Arcesilaus formuliert Zenon Theorien von Wissen und Tugend. Für Zenon ist Wissen – und damit Tugend – zwar sehr schwierig zu erwerben, doch letzten Endes für Menschen erreichbar. Aus der Perspektive von Arcesilaus' Skepsis ist Zenons Berufung auf Sokrates beinahe anmaßend: Zenon scheint zu optimistisch in Bezug auf unsere kognitiven Fähigkeiten, um als Nachfolger Sokrates' zu gelten.[68] Die Forschung hat sich lange einen argumentativen Schlagabtausch zwischen Zenon und Arcesilaus vorgestellt, in dem jeder von beiden die eigenen Ansichten im Lichte der Kritik des anderen modifiziert habe. Doch hat Zenon seine Ansichten höchstwahrscheinlich zwischen 300 und 275 v. Chr. formuliert, und Arcesilaus hat etwa 275 bis 240 v. Chr. gegen ihn argumentiert, als Zenon (der um 262/261 v. Chr. gestorben ist) wahrscheinlich bereits im Ruhestand war.[69]

Der Kern des Streits zwischen Arcesilaus und den frühen Stoikern dreht sich um die Frage, ob es ein Wahrheitskriterium gibt. Der Begriff des Kriteriums ist zunächst von Epikur in hellenistische Diskussionen eingeführt worden. Epikur spricht über einen *kanōn* (wörtlich: ›Maßstab‹) und ein *kritērion*. Für Epikur dient das Evidente – und das heißt, vor allem, Sinneswahrnehmungen – als Kriterium. Durch Bezug auf dieses Evidente können Behauptungen über Nichtevidentes geprüft werden. So stellt die Physik Behauptungen über nichtevidente Dinge auf, etwa über Ato-

68 Frede 1983.
69 Brittain 2006, xiii; Alesse 2000, 115 f.; Long 2006, Kap. 5.

me und das Leere. Diese Dinge sind nicht sinnlich erfassbar und gelten in diesem Sinne nicht als evident. Entsprechend argumentieren die Epikureer für die Existenz von Atomen und dem Leeren, indem sie sich auf Wahrnehmungen berufen. Die Wahrnehmung schließt aus ihrer Sicht andere, nichtatomistische Theorien aus. So können z. B. physikalische oder metaphysische Theorien, die besagen, dass es keine Bewegung gibt, deshalb verworfen werden, weil sie mit dem Evidenten nicht übereinstimmen.

Zenon argumentiert, dass eine bestimmte Art von Eindruck – nämlich ein erfassender Eindruck (*phantasia katalēptikē*) – das Wahrheitskriterium sei.[70] Zenons Begriff von Erfassen (*katalēpsis*, wörtlich: ›Erfassen, Begreifen‹) und der verwandte Begriff eines erfassenden Eindrucks sollen erkenntnistheoretische bzw. epistemologische Probleme lösen. Urteilen zielt auf Wahrheit ab; diese Norm ist der kognitiven Tätigkeit, etwas als soundso zu betrachten, inhärent. Doch ist es für uns nicht offenkundig, welche unserer Urteile oder Behauptungen, dass dieses oder jenes wahr sei, erfolgreich auf Wahrheit abzielen. Das heißt, immer wenn wir denken, dass etwas soundso ist, halten wir dieses Urteil für wahr – und doch kann es typischerweise falsch sein. Zenon fragt, ob es eine Möglichkeit gibt, dieser Situation zu entkommen. Gibt es mentale Repräsentationen – in Zenons Begrifflichkeit »Eindrücke« –, die so sind, dass wir sie als wahr akzeptieren können, ohne das Risiko einzugehen, falsch zu liegen? Zenon argumentiert, dass es solche Eindrücke gibt, und nennt sie »erfassend«. Die Definition dieser Eindrücke ist umstrit-

70 Siehe Shogry 2018.

ten, sowohl in der Antike als auch unter modernen Interpreten.

Eine Reihe von stoischen Definitionen von erfassenden Eindrücken, formuliert von Zenon und seinen Nachfolgern, sind überliefert. Interpreten betrachten diese Definitionen mit Blick auf eine Reihe von Fragestellungen, von denen hier drei genannt seien.

1. Ist eine der stoischen Definitionen (*SE* M 7.247–52) kanonisch?[71]
2. Sind bestimmte Bedingungen, die in den stoischen Definitionen formuliert werden, direkte Antworten auf skeptische Einwände?[72]
3. Warum formulieren die Stoiker eine Reihe von Definitionen? Ist es so, dass unterschiedliche Definitionen in verschiedenen dialektischen Kontexten verwendet werden oder unterschiedliche theoretische Zwecke verfolgen?[73]

Etwas vereinfacht gesagt, zeigt ein erfassender Eindruck seinen Inhalt und zeigt zugleich, dass er erfassend ist.[74] Wenn ich beispielsweise auf meinen Computerbildschirm blicke, während ich diesen Text tippe, habe ich wahrscheinlich einen erfassenden Eindruck, dass dies mein Computerbildschirm ist. Wenn ich aufblicke und aus dem Fenster sehe, habe ich vielleicht den Eindruck von einem Freund, der den Campus überquert. Nehmen wir an, der Eindruck ist

71 Nawar 2014, Shogry 2018.
72 So etwa Nawar 2017.
73 Vogt 2022.
74 Vgl. Cicero, *Acad.* 2.77–8.

wahr. Da ich aber den Freund aus relativ großer Distanz sehe, ist der Eindruck vermutlich nicht erfassend. Das bedeutet, dass nicht alle wahren Eindrücke erfassend, aber alle erfassenden Eindrücke wahr sind. Wir sollten ausschließlich erfassenden Eindrücken zustimmen; auf diese Weise kann es gelingen, nur wahre Eindrücke zu akzeptieren.[75]

Arcesilaus stellt in Frage, ob es erfassende Eindrücke überhaupt gibt. Sein Hauptpunkt scheint zu sein, dass es einen Eindruck geben könnte, der von einem erfassenden Eindruck phänomenologisch nicht unterschieden werden kann, aber trotzdem das, von dem er ein Eindruck ist, inkorrekt repräsentiert. Hier ist zur Erläuterung ein Beispiel, das vermutlich von Carneades stammt:[76] Es gibt keinen Eindruck von einem bestimmten Ei, der so ist, dass ein Eindruck von einem anderen Ei phänomenologisch von dem ersten Eindruck ununterscheidbar wäre.[77] Wie bereits bemerkt nehmen Interpreten an, dass manche Bedingungen in stoischen Definitionen direkt auf spezifische, skeptische Herausforderungen antworten. Dies scheint etwa mit Bezug auf den Einwand, den Carneades mit dem Beispiel von einem Ei illustriert, der Fall zu sein. Die Stoiker fügen zu bestehenden, kürzeren Definitionen des erfassenden Eindrucks eine Bedingung hinzu: »wie er [d. i. der erfassende Eindruck; Anm. d. Übers.] von etwas nicht Bestehen-

75 Siehe Brittain 2014 zu der stoischen Ansicht, dass Zustimmung zu erfassenden Eindrücken nicht erzwungen ist, und Schmitt, im Erscheinen a, zu der Frage, ob stoische Zustimmung und Urteilsenthaltung gegenüber erfassenden Eindrücken als automatisch einzustufen sind.

76 Siehe Abschnitt 3.2.

77 Shogry 2018 und 2021, Machek/Veres, im Erscheinen.

dem her nicht entstehen könnte«.[78] Bei den akademischen Skeptikern führt allerdings jede solche Ergänzung nur zu einer weiteren Nachfrage, die die mögliche Ununterscheidbarkeit von erfassenden und nichterfassenden Eindrücken betont. Solange kein Wahrheitskriterium gefunden ist, enthalten sich Arcesilaus' Skeptiker in allen Fällen eines Urteils (*PH* 1.232). Aus ihrer Sicht verlangt die Vernunft selbst eine solche Enthaltung.

(iii) Handlung

Die dogmatischen Gegner der Skeptiker argumentieren, dass Skeptiker, wenn sie sich des Urteils enthalten, nicht handeln können. Folgt man der stoischen Philosophie, gibt es drei »Bewegungen des Verstandes«: Eindruck, Zustimmung und Impuls.[79] Alle drei spielen eine Rolle für Handlung. Der Akteur stimmt einem Eindruck zu, dass A getan werden soll; seine Zustimmung ist der Impuls für die Handlung A; wenn es kein äußeres Hindernis gibt, dann löst der Impuls die Handlung aus.[80]

Es ist ein zentraler Gedanke stoischer Philosophie, dass es keine Handlung ohne Zustimmung – und somit ohne die Meinung, dass die Handlung ausgeführt werden soll – geben kann. Die Stoiker wollen eine Art von Determinismus vermeiden, nach dem Handlungen nicht in unserer Verantwortung liegen;[81] für sie liegt Zustimmung, aber nicht Ein-

78 Long und Sedley (1987), Übers. Hülser, Stuttgart/Weimar 2000 [LS] 40; DL 7.46, 54; Cicero *Acad.* 1.40–1,2.77–8; SE *M* 7.247–52.
79 Plutarch, *Col.* 1122a–d)
80 Inwood 1985.
81 Bobzien 1998.

druck, beim Akteur. Als Antwort auf den *Apraxia*-Einwand scheint Arcesilaus dafür argumentiert zu haben, dass Skeptiker handeln können, ohne ihre Zustimmung zu geben;[82] d. h. Skeptiker können tätig sein, ohne der Meinung zu sein, dass die ausgeführte Handlung ausgeführt werden soll.

Doch ist das noch nicht alles. Aus Sicht der Stoiker sind skeptische Handlungen, wenn sie ohne die relevante Art von Zustimmung ausgeführt sind (also ohne Zustimmung, die in der Verantwortung des Akteurs liegt und die ein rationales Akzeptieren des Eindrucks ist), wie die Handlung eines nichtrationalen Tieres oder wie die Bewegungen von Pflanzen, wenn sie wachsen und gedeihen. In diesem Sinne beraube Arcesilaus Menschen ihres Verstandes.[83]

Doch muss Arcesilaus für sein Argument nicht so weit gehen, dass er menschliche Akteure nichtrationalen Akteuren gleichsetzt, und er tut es auch nicht. Als Menschen haben Skeptiker rationale Eindrücke. Sie nehmen die Welt konzeptuell wahr und denken über sie nach. Arcesilaus schlägt nun nicht vor, dass skeptische Handlung bloß kausal von Eindrücken verursacht ist. Das wäre ein problematischer Vorschlag, denn er würde außer Acht lassen, dass Skeptiker einen menschlichen Verstand haben. Wegen der Komplexität des menschlichen Denkens haben Skeptiker wahrscheinlich mehrere, und oft miteinander unvereinbare Eindrücke. Würden alle Eindrücke Impulse auslösen, wären Skeptiker gewissermaßen paralysiert; weil man nicht alles, was verschiedene Eindrücke als Handlungen re-

82 Plutarch, *Col.* 1122a–d.

83 Cicero *Acad.* 2.37–9; Obdrzalek 2013.

präsentieren, gleichzeitig tun kann, wären sie wegen einer Art Lähmung inaktiv. Der zweite Teil von Arcesilaus' Antwort ist daher, dass die Skeptiker, wenn sie ohne Zustimmung handeln, sich an dem Plausiblen orientieren (*eulogon*).[84] Das heißt, Arcesilaus bemüht sich, skeptische Handlung als rational geleitet zu erklären.[85] Arcesilaus bestreitet die dogmatische Behauptung, dass einige Eindrücke als wahr identifiziert werden können, sowie auch die verwandte Behauptung, dass man nur auf Grundlage des Urteils, dass bestimmte Eindrücke wahr sind, handeln könne. Doch argumentiert er nicht dafür, dass keine Unterschiede zwischen Eindrücken bestehen, die ein Akteur bedenken könnte. Seine Akteure verhalten sich rational: Sie denken über ihre Optionen nach und entscheiden sich für das, was ihnen auf die eine oder andere Weise plausibler scheint.

Arcesilaus verteidigt skeptische Handlung auch gegenüber epikureischen Kritikern.[86] Hier argumentiert er auf der Grundlage von epikureischen Prämissen, dass skeptische Handlung möglich ist. Die Skeptiker müssen auf kritische Fragen antworten, in denen ihnen einfachste Handlungskompetenzen abgesprochen werden. Können Skeptiker z. B. erklären, warum sie, wenn sie einen Raum verlassen, durch die Tür gehen, anstatt gegen eine Wand zu laufen? Arcesilaus scheint die epikureische Unterscheidung zwischen Wahrnehmungen und Meinungen dialektisch zu nutzen. Die Epikureer vertreten die kontroverse

84 SE *M* 7.158; 7.150; Striker 2010.
85 Cooper 2004b.
86 Plutarch, *Col.* 1122a–d.

These, dass alle Wahrnehmungen wahr sind; erst dann, wenn man sich ausgehend von Wahrnehmung eine Meinung bildet, kann sich Falschheit einschleichen. Damit weist die Epikureische Theorie eine Unterscheidung auf, auf die sich Arcesilaus berufen kann. Wie die Epikureer können die Skeptiker nämlich Wahrnehmung und eine Ansicht, die auf Wahrnehmung basiert, voneinander trennen. Indem Skeptiker Wahrnehmungen nicht zustimmen, und somit nicht die Meinungen bilden, dass z. B. hier Wand und dort eine Tür ist, schützen sie sich vor der Quelle von Falschheit, nämlich Meinung. Trotzdem haben die Skeptiker eine Wahrnehmung von der Tür, und das reicht aus, um nicht gegen eine Wand zu laufen.

3.2 Carneades

Wie Arcesilaus verzichtete auch Carneades (214–129/128 v. Chr.) darauf, eigene Werke niederzuschreiben, und philosophierte stattdessen auf sokratische Weise. Carneades führte 156/155 v. Chr. eine Delegation von drei Philosophen von Athen nach Rom. Abgesehen von seiner offiziellen Rolle soll er zwei Reden gehalten haben, in denen er an einem Tag für, am anderen gegen die Möglichkeit von Gerechtigkeit argumentiert habe. Unter Forschenden ist strittig, ob dieser Bericht historisch korrekt ist.[87] Unabhängig davon jedoch sind Carneades' Reden nicht so zu verstehen, dass er Gerechtigkeit abschaffen will. Stattdessen scheint es, dass er den Befürwortern von Gerechtigkeit – ein-

87 Powell 2013.

schließlich Platon und Aristoteles – zeigen will, dass ihre Argumente nicht wirklich überzeugend sind.[88] Carneades setzt sich mit ähnlichen Themen auseinander wie Arcesilaus, wenngleich ihm eine moderatere, vielleicht sogar weniger eindeutig skeptische, Position zugeschrieben wird. Hier sollen insbesondere drei Themen diskutiert werden:

(i) Die Auseinandersetzung mit der stoischen Erkenntnistheorie,
(ii) skeptische Handlung und Handlungskriterium,
(iii) Zustimmung und die Frage, ob eine bestimmte Form davon, sowie eine bestimmte Form von Meinungen, für Carneades akzeptabel sind.

(i) Die stoisch-akademische Debatte

Chrysipp (nach Zenon und Cleanthes der dritte große Stoiker) und sein Schüler Diogenes von Babylon überarbeiten bzw. präzisieren Zenons Erkenntnistheorie in manchen Hinsichten, um sie in dieser Form gegen Arcesilaus' Argumente zu verteidigen.[89] Im Gegenzug setzt Carneades die Diskussion mit den Stoikern, die Arcesilaus begonnen hatte, fort. In einem ersten argumentativen Schachzug widmet er sich der Verbindung zwischen mentalen Zuständen und Handlung. Wahnsinnige Menschen, argumentiert er, handeln genauso mühelos und natürlich auf Grundlage ihrer Eindrücke wie andere Menschen. Dies gilt selbst im Vergleich mit denen, die auf Grundlage von erfassenden Ein-

88 Lactantius, *Epitome* 55.8, LS 68M.
89 Brittain 2006 xiii.

drücken handeln – sollte es solche Eindrücke denn geben. Wenn wir uns nur auf Verhalten konzentrieren, scheint kein Unterschied zwischen Menschen in verschiedenen Geisteszuständen zu bestehen. Alle Eindrücke, selbst jene, von denen die Stoiker denken, dass sie Halluzinationen sind, sind in Bezug auf Handlung vollkommen gleich. Erfassende Eindrücke, wenn es sie denn gibt, nehmen demnach keine Sonderstellung ein.

In einem zweiten Argument weist Carneades auf Gegenstände hin, die einander ähneln. Er unterstellt dabei hypothetisch, dass es eine »weise« Person im Sinne der Stoiker gibt, vereinfacht gesprochen: eine Person, die perfekt denkt und handelt. Gemäß der stoischen Theorie gibt eine derartige Person nur dann ihre Zustimmung, wenn sie einen erfassenden Eindruck hat. Hier fragt Carneades: Kann die weise Person zwei Eier, zwei Sandkörner usw. voneinander unterscheiden? Die Stoiker geben mehrere Antworten. Es ist vorstellbar, dass die weise Person in einigen Handlungskontexten dem zustimmt, was plausibel ist (*eulogon*),[90] ohne einen erfassenden Eindruck davon zu haben, wie Dinge wirklich beschaffen sind. Die weise Person kann sich auch des Urteils enthalten, wenn sie etwa vor der Aufgabe steht, einzelne Körner von Sand zu identifizieren, ohne den entsprechenden erfassenden Eindruck zu haben. Doch wird sich die weise Person darin üben, feinste Unterschiede wahrzunehmen,[91] insbesondere dann, wenn es wichtig sein sollte, dies zu können. Dieser Punkt findet Rückhalt in der stoischen Physik: Keine zwei Gegenstände im Univer-

90 DL 1.777.
91 Cicero, *Acad.* 2.57.

sum sind miteinander identisch, und ihre Unterschiede sind im Prinzip wahrnehmbar.[92] Carneades antwortet auf diese These, dass, selbst wenn man die stoische Sicht unterstellt, der zufolge keine zwei Dinge exakt gleich sind (eine Ansicht, die er selbst natürlich nicht vertritt, sondern nur hypothetisch unterstellt), zwei Dinge für alle wahrnehmenden Subjekte sehr ähnlich sein können;[93] dass also Eindrücke von zwei Dingen, selbst wenn diese voneinander verschieden sind, ununterscheidbar sein können.[94] Die Diskussion setzt sich mit einem argumentativen Schachzug der Stoiker fort: Sie fügen ihrer Definition des erfassenden Eindrucks eine Klausel hinzu: »einer, der kein Hindernis hat«. Manchmal würde ein Eindruck für sich selbst betrachtet als erfassend gelten und ist es letztlich doch nicht, weil er aufgrund äußerer Umstände nicht überzeugend ist.[95]

Es ist eine schwierige Frage, ob dieser Zusatz den Stoikern mehr schadet als er ihnen nützt. Einschätzungen hierzu hängen an einer Grundfrage zur stoischen Theorie, nämlich ob ein erfassender Eindruck diesen Status aufgrund inhärenter Eigenschaften hat oder aufgrund seiner kausalen Geschichte. Die erste dieser Sichtweisen argumentiert, dass ein Eindruck sich den Stoikern zufolge aufgrund seiner phänomenologischen Beschaffenheit oder einer anderen inhärenten Eigenschaft als erfassend ausweist. Wenn diese Prämisse wesentlich für die Theorie des erfassenden Eindrucks ist, dann sollten die Stoiker vermeint-

92 Sedley 1982, 2002.
93 Cicero, *Acad.* 2.83–5.
94 Nawar 2017, Shogry 2018 und 2021.
95 SE *M* 7.253.

lich nicht zugestehen, dass es dem Eindruck externe »Hindernisse« gibt. Wenn dagegen die zweite Sicht vertreten wird, der zufolge erfassende Eindrücke sich von nichterfassenden Eindrücken dadurch unterscheiden, wie sie verursacht sind, dann mag dieser Zusatz helfen.[96] Vielleicht muss zuerst ein Hindernis aus dem Weg geschafft werden, bevor die relevante kausale Verbindung bestätigt werden kann.[97]

(ii) Carneades' Kriterium

Obwohl Carneades eine Diskussion fortführt, die von Arcesilaus begonnen wurde, geht er über Arcesilaus' Skepsis hinaus. Die Besonderheit seiner Position wird an seinem Kriterium am deutlichsten. Er argumentiert dafür, dass das Überzeugende (*pithanon*) Kriterium sei.

Der Begriff des Überzeugenden kann auf zwei Weisen verstanden werden: Überzeugungskraft mag eine kausale Eigenschaft sein, so dass ein überzeugender Eindruck einen physiologisch-psychologischen Vorgang, durch den wir auf eine bestimmte Weise bewegt werden, in Gang setzt. Doch mag es auch eine rationale Art von Überzeugungskraft geben. Carneades konstruiert die Semantik von Überzeugungskraft in rationaler Terminologie. Für ihn ist das Überzeugende das Glaubhafte, oder vielleicht sogar das Plausible.

Carneades entwickelt ein dreistufiges Kriterium, das mit dem technischen Begriff des »Nichtabgelenkten« – verstan-

96 Frede 1983, Nawar 2014.
97 Hankinson 2003.

den als das, was nicht in irgendwelchen Unstimmigkeiten mit im Kontext gegebenen Eindrücken steht – arbeitet:

(1) Skeptiker halten sich an das Überzeugende.
(2) In Fällen, in denen es auf größtmögliche Sicherheit ankommt, halten sie sich an das Überzeugende und Nichtabgelenkte (*aperispastōs*). Ein überzeugender Eindruck ist »nichtabgelenkt,« wenn es keine Unstimmigkeit zwischen ihm und den ihn umgebenden Eindrücken gibt.
(3) Wenn es um Glückseligkeit geht, halten Skeptiker sich an überzeugende, nichtabgelenkte und gründlich erforschte Eindrücke. Ein überzeugender Eindruck ist nichtabgelenkt und gründlich erforscht, wenn er und die ihn umgebenden Eindrücke genauer Prüfung standhalten können.[98] Nehmen wir an, eine Skeptikerin sucht in einem dunklen Zimmer nach einem Seil. Bevor sie etwas aufhebt, was ihr ein Seil zu sein scheint, untersucht sie den Gegenstand aus der Nähe und piekt ihn mit einem Stock an. Etwas Zusammengerolltes kann ein Seil sein, aber es kann auch eine Schlange sein. Der überzeugende Eindruck, dass dies ein Seil ist, muss untersucht werden, bevor Skeptiker ihr weiteres Handeln an diesem Eindruck orientieren (*M* 7.187).

Carneades' dreistufiges Kriterium scheint zunächst damit befasst zu sein, was Handlung ausmacht. Wenn man z. B. vermeidet, ein Seil mit einer Schlange zu verwechseln, geht es mindestens auch darum, Gefahr zu vermeiden – nicht

98 SE *M* 7.166–84.

nur darum, richtig zu urteilen. Dennoch beschreibt Sextus Carneades' Kriterium als ein Wahrheitskriterium, nicht als ein Kriterium für Handlung.[99] Carneades' Anspruch mag dementsprechend sein, mehr als ein »praktisches« Kriterium bzw. Handlungskriterium zu formulieren. Seine Diskussionen vom Überzeugenden ähneln einer generellen, erkenntnistheoretischen Theorie.[100] Cicero übersetzt das Griechische *pithanon* als *probabile* (und manchmal als *veri simile*). Moderne Editionen übersetzen dies teils in die Terminologie von dem, was wahrscheinlich oder wahrscheinlich wahr ist. In der Forschung ist auch die Ansicht vertreten, dass Carneades ein früher Wahrscheinlichkeitstheoretiker ist, der eine fallibilistische Erkenntnistheorie ausarbeitet.[101]

(iii) Zustimmung und Meinung

Beinhaltet ein Befolgen von überzeugenden Eindrücken Meinung? Carneades prägt einen Begriff für die Art des Befolgens, die er ausführlich beschrieben hat: Akzeptanz.[102] Er unterscheidet Akzeptanz von Zustimmung im Sinne von stoischen und anderen dogmatischen Theorien, entsprechend denen Zustimmung zu der Meinung führt, dass etwas tatsächlich wahr ist; trotzdem beschreibt er Akzeptanz als eine Art Zustimmung.[103] Carneades' Schüler sind

99 *M* 7.173.
100 Couissin 1929 [1983], Striker 1980, Bett 1989 und 1990, Allen 1994 und 2004 [2006], Brittain 2001.
101 Obdrzalek 2004.
102 Cicero, *Acad.* 2.99.
103 Cicero, *Acad.* 2.104.

uneins, ob Akzeptanz genuine Zustimmung ist. Sie sind also darüber uneins, ob jemand, der etwas akzeptiert, eine Meinung hat. Philon und Metrodorus sind der Meinung, dass Carneades eine Art von Meinung erlaubt, die stark dem ähnelt, was den Stoikern zufolge eine Meinung ist, oder sogar damit identisch ist. Clitomachus stimmt dieser Einschätzung nicht zu, und Cicero folgt Clitomachus.[104]

Moderne Forschende setzen diese Debatte fort,[105] und das Kernproblem bleibt unverändert. Es ist nicht klar, ob es einen plausiblen Begriff von Meinung gibt, dem entsprechend Meinung nicht ein »Für-wahr-Halten« miteinschließt. Alternativ mag man überlegen, ob es eine Form von Für-wahr-Halten gibt, in der die Affirmation schwächer ist als in Meinungen im Sinne der Stoiker oder im Sinne anderer dogmatischer Philosophen. Es ist auf jeden Fall klar, dass auch akademische Skeptiker – Carneades miteingeschlossen – keine Behauptungen machen, dass etwas wahr oder wirklich der Fall ist.

Ein anderer Ansatz, um Carneades' Haltung bezüglich des Begriffes von Meinung zu verstehen, besteht darin, zu fragen, ob er sich möglicherweise auf platonische Überlegungen beruft. Sokrates weigerte sich im *Staat*, die Frage zu beantworten, was seiner Ansicht nach das Gute sei, mit der Begründung, dass Meinungen ohne Wissen beschämend seien.[106] Seine Gesprächspartner verweisen darauf, dass ein Unterschied besteht zwischen dem Vorbringen von Meinungen, als ob man wisse, dass sie wahr sind, und dem

104 *Acad.* 2.78, siehe auch 2.59, 2.67.
105 Allen 2022.
106 *Rep.* 506c.

Vorbringen von Meinungen unter dem Vorbehalt, dass sie nur Meinungen sind.[107] Das Beschämende an bloßen Meinungen mag durch diesen expliziten Vorbehalt wegfallen. Eine Passage in Ciceros *Academica* klingt so, als ob Carneades diesen Gedanken im Hinterkopf gehabt hätte. Nach Carneades kann die weise Person Meinungen haben, wenn sie vollauf versteht, dass sie nur Meinungen sind.[108] In eine ähnliche Richtung deutet der Vorschlag, dass Carneades einen hypothetischen Modus des Meinens akzeptiert,[109] vielleicht in Auseinandersetzung mit der hypothetischen Methode, wie Platon sie im dritten Teil des *Menon* entwickelt.

Eine Untersuchung kann nur dann beginnen, wenn wir – in irgendeinem Sinne – mit unseren Meinungen über das, was untersucht werden soll, beginnen. Wie können wir das jedoch tun, ohne unsere Meinungen tatsächlich zu vertreten, da wir ja nicht wissen, ob unsere Ansichten wahr sind? Platons Antwort an dieser Stelle lautet: Wir tun dies, indem wir unsere Meinungen als Hypothesen aufstellen. Heute würden wir einwenden, dass Hypothesen keine Meinungen sind, doch wäre es denkbar, dass Carneades so oder so ähnlich argumentiert hat, und dass die Details seiner Erklärungen verloren gegangen sind oder in Doxographien ungenau überliefert wurden.

107 Vogt 2012a, Kap. 2.
108 2.148.
109 Striker 1980 [1996, 112].

Carneades gab seinen Studierenden und unmittelbaren Nachfolgern Rätsel auf. Clitomachus, Leiter der Akademie von 127 bis 110 v. Chr., scheint das Unmögliche versucht zu haben, nämlich Carneades' Philosophie möglichst treu zu befolgen, ohne je genau zu verstehen, was Carneades eigentlich dachte.[110] Clitomachus' Treue gegenüber Carneades rückt zwei Annahmen in den Mittelpunkt: dass Carneades für Urteilsenthaltung und gegen Meinungen im stoischen Sinne argumentiert. Philon von Larissa, ein weiterer Schüler von Carneades, interpretiert seinen Lehrer so, dass dieser es Skeptikern gestattet, provisorische Meinungen zu haben.

Mit Philon findet die skeptische Ära von Platons Akademie ihr Ende. Philons Philosophie scheint in zwei Phasen unterteilt zu sein. In Athen und als Leiter der Akademie stand er Carneades sehr nahe. Als er später im Laufe seiner Karriere nach Rom zog, entwickelte er eine entschieden andere Position: Er argumentiert nun auf sehr spezifische Weise gegen das stoische Kriterium und den stoischen Begriff des Erfassens. Ihm zufolge kann man Dinge wahrnehmen und so Wissen von ihnen erlangen – man kann sie nur nicht in dem Sinne wahrnehmen, wie die Stoiker Erfassen konstruieren.[111] Die Tatsache, dass es kein Erfassen im Sinne der Stoiker gibt, bedeutet nicht, dass es überhaupt kein Wissen gibt.[112]

110 Levy 2010.
111 *PH* 1.235.
112 *Acad.* 2.14.

Dieser Zug verändert die Diskussion in zwei wichtigen Hinsichten.

1. Philon kann als eine Art von Externalist interpretiert werden: Man kann etwas wissen, ohne zu wissen, dass man es weiß. Ohne die erfassenden Eindrücke der Stoiker sind wir nicht in der Lage herauszufinden, welche Fälle von »Für-wahr-Halten« als Wissen gelten; und trotzdem haben wir einiges Wissen.[113]
2. Dieser Vorschlag ist ein Schritt in die Richtung zur modernen Skepsis, die sich nicht mit Wahrheitskriterien befasst, sondern mit Wissen.

Ciceros skeptische Philosophie in seinen eigenen philosophischen Schriften unterscheidet sich wiederum stark von den bisher genannten Versionen der Skepsis. Mit Hilfe der Begriffe »was wahrscheinlich ist« (*probabile*) oder »was wahrscheinlich wahr ist« (*veri simile*) untersucht Cicero eine Reihe von philosophischen Positionen, um herauszufinden, welche von ihnen man rationalerweise am besten verteidigen kann. Cicero zufolge ist es besser für uns, eine Position zu akzeptieren, die wahrscheinlich wahr ist, als von keiner der beiden Seiten in einem Dissens überzeugt zu sein.[114]

Cicero ist für den Übergang zwischen antiker und frühneuzeitlicher Skepsis von größter Bedeutung. So wie auch in anderen Bereichen der Philosophie ist sein Einfluss teils schlicht der eines Übersetzers. Doch wenn philosophische

113 Hankinson 2010.
114 Thorsrud 2009, S. 84–101.

Ideen in die Sprache einer anderen Kultur übertragen werden, ändern sich zwangsläufig auch die Ideen. Wenngleich Cicero weiter die Begriffe von Zustimmung und Enthaltung verwendet, spricht er manchmal auch von Zweifeln, *dubitari* (z. B. *Acad.* 2.27, 106).[115] Zweifel jedoch spielt keine Rolle in griechischer Skepsis.[116]

115 Z. B. *Acad.* 2.27, 106.
116 Siehe Abschnitt 1.

4. Pyrrhonische Skepsis

4.1 Pyrrhon und Timon

Vergleicht man pyrrhonische und akademische Skepsis miteinander, fallen zwei Themen besonders auf: Pyrrhonismus zielt auf Seelenruhe ab und weist Erscheinungen eine Schlüsselrolle zu. Anekdoten über Pyrrhons Leben (365/360–275/270 v. Chr.) vermitteln, wie wenig beeindruckbar er war.[117] Diese Art von Ideal – ein Gemütszustand der Seelenruhe – war nicht Teil von akademischer Skepsis, und Forschende sind sich uneins bezüglich dessen Rolle im Pyrrhonismus.[118] Anekdoten über Pyrrhons Leben betonen, dass Pyrrhon nichts mit Leidenschaft vermieden oder erstrebt hat und dass er nicht in Verzweiflung geriet über Dinge, die andere furchtbar finden. In diesem Sinne illustrieren diese Geschichten Ideen, die auch später zentral für Pyrrhonismus sind.[119]

Anekdoten beschreiben Pyrrhon als eine auffallend unkonventionelle Persönlichkeit, die nicht nur von Emotionen und Meinungen, sondern auch von Wahrnehmung unaffiziert ist – in einem solchen Maße, dass Freunde ihn von der Straße ziehen mussten, wenn ein Wagen angefahren kam.[120]

117 DL 9.61–69.

118 Machuca 2006; Striker 2010; Perin 2020; zu einem Einfluss Demokrits bezüglich Seelenruhe bei Pyrrhon und Timon siehe Svavarsson 2013.

119 Für eine generelle Darstellung von frühem Pyrrhonismus siehe Castagnoli 2013; zu Sextus' Umgang mit pyrrhonischer Seelenruhe siehe Svavarsson 2015.

120 DL 9.62.

Trotzdem scheint Pyrrhon gesagt zu haben, dass Skeptiker sich an Erscheinungen (*phainomena*) halten.[121] Das ließe allerdings – entgegen der geschilderten Anekdote – vermuten, dass er nicht die Straße überqueren würde, wenn ein Wagen naht und er ihn dementsprechend als solchen wahrnimmt.

Eine andere Erzählung lässt Pyrrhon nicht nur ungewöhnlich, sondern sogar wie einen schwierigen Zeitgenossen erscheinen: Als er an einem Ertrinkenden vorbeikam, blieb er so ungerührt, dass er einfach weiterging.[122] Dies steht in starkem Kontrast mit dem stoischen Begriff von Unaffiziertheit, entsprechend dem man genau deshalb effektiv helfen könnte, weil man keine Emotionen wie Furcht und Panik empfindet.

Manche biographischen Details können den Anschein erwecken, dass sie darauf ausgelegt sind, Pyrrhons Leben so zu beschreiben, dass es in das Schema des Weisen passt: ein in den Osten Reisender,[123] dessen Einsichten in kurzen Aphorismen vermittelt sind; eine rätselhafte Figur, die sowohl als exemplarisch gilt wie abstößt. Auch wenn es schwierig ist, die Zeugnisse zu Pyrrhons Reisen zu bewerten, untersuchen Forschende zunehmend Ähnlichkeiten zwischen Pyrrhons Äußerungen, später pyrrhonischer Skepsis und Dimensionen von buddhistischer Philosophie.[124] Mill[125] argumentiert, dass eine Tradition in der

121 DL 9.106; Bett 2000, 84–93; zu früheren Verwendungsweisen des Begriffes ›Erscheinungen‹, die für Skepsis relevant sind, siehe Barney 1992.

122 DL 9.63.

123 Flintoff 1980.

124 Hanner 2020.

125 Mill 2018.

klassischen indischen Philosophie eine ›Skepsis über Philosophie‹ entwickelt, die Elemente von Pyrrhonismus aufweist.

Obwohl er Seelenruhe und ein Leben im Einklang mit Erscheinungen diskutiert, war Pyrrhon selbst wohl kein pyrrhonischer Skeptiker.[126] Das soll heißen, dass er wahrscheinlich eine dogmatische Position vertreten hat, insofern er positive philosophische Ansichten über die Natur der Realität hatte. Pyrrhon hat selbst keine Werke niedergeschrieben. Vieles von dem, was wir über ihn wissen, ist durch die Schriften von Timon bezeugt, seinem Schüler und Anhänger (325/320–235/230 v. Chr.)[127]. Das wichtigste Zeugnis für ihn ist das sogenannte Aristokles-Fragment, das eine Erklärung Timons wiedergibt:[128]

> Es ist vorrangig notwendig, unser Wissen zu erforschen; denn sollte es in unserer Natur liegen, nichts zu wissen, gibt es keinen Grund, andere Dinge zu untersuchen. Pyrrhon von Elis war auch ein starker Befürworter einer solchen Position. Er selbst hat keine Schriften hinterlassen; sein Student Timon sagt aber, dass die Person, die glücklich zu sein wünscht, sich mit diesen drei Fragen befassen müsse:
>
> 1. Wie sind Dinge von Natur aus?
> 2. Wie sollen wir uns ihnen gegenüber verhalten? Und zu guter Letzt:

126 Bett 2000, S. 14–62.
127 Burnyeat 1980b; Clayman 2009.
128 Aristokles in Eusebius *PE* 14.18.1–5 = *DC*53; Übers. Schmitt/Vogt.

3. Was ergibt sich für diejenigen, die sich ihnen gegenüber so verhalten?

> [Timon zufolge] verkündet er [Pyrrhon], dass die Dinge gleichermaßen indifferent und ohne Maß und unbestimmt seien (*adiaphora kai astathmêta kai anepikrita*); so erklärt sich, dass weder unsere Wahrnehmungen noch unsere Meinungen die Wahrheit sagen oder lügen (*adoxastous kai aklineis kai akradantous*). Aus diesem Grund sollten wir ihnen nicht vertrauen, sondern sollten ohne Meinungen und Neigungen und ohne Schwanken sein, indem wir über jedes einzelne Ding sagen, dass es nicht mehr ist, als es nicht ist, oder sowohl ist als auch nicht ist, oder weder ist noch nicht ist (*ou mallon estin ê ouk estin ê kai esti kai ouk estin ê oute estin oute ouk estin*). Timon sagt, dass das Ergebnis für diejenigen, die entsprechende Haltungen haben, zuerst Sprachlosigkeit (*aphasia*) sein wird, aber dann Seelenruhe (*ataraxia*); und Aenesidemus sagt: Lust. Dies sind also die Hauptpunkte von dem, was sie sagen.

In seiner Antwort auf die erste Frage, wie die Dinge ihrer Natur nach seien, stellt Pyrrhon eine metaphysische Behauptung auf: Die Dinge sind unbestimmt.[129] Es gibt keine stabilen Dinge, oder zumindest keine Dinge mit stabilen Eigenschaften. Die Forschung zögert manchmal, Pyrrhon eine solche Position zuzuschreiben, da sie zweifelsohne »dogmatisch« im Sinne späterer Skepsis ist: hier wird Pyrrhon eine philosophische, metaphysische Stellungnahme

129 Bett 2000, S. 14–29.

zugeschrieben, was ihn Sextus Empiricus zufolge zum Dogmatiker macht.

Möglicherweise kann der Text erkenntnistheoretisch gedeutet werden: Dinge sind deshalb nicht differenzierbar und nicht messbar und unbestimmbar, weil wir nicht in der Lage sind, sie zu differenzieren, zu messen und ihre Natur zu bestimmen.[130]

Doch ergibt Pyrrhons Antwort auf die zweite Frage nur dann Sinn, wenn wir eine metaphysische Lesart annehmen.[131] Pyrrhon schließt, dass unsere Wahrnehmungen und Meinungen weder wahr noch falsch sind. Sie lassen sich nicht in Bezug auf ihre Wahrheit bewerten, vermeintlich *weil* die Dinge unbestimmt sind; es gibt keine Fakten, die mit ihnen korrespondieren.

Wenn wir diese Dinge verstehen, folgt Sprachlosigkeit (*aphasia*), und dann Seelenruhe (*ataraxia*). Pyrrhon behauptet nicht, dass wir aufhören sollten zu sprechen. Er schlägt vor, dass wir eine komplizierte Art von Sprechakt vollziehen, der den Ausdruck *ou mallon* (›nicht mehr‹) beinhaltet. Dieser Ausdruck soll die unbestimmte Natur der Dinge einfangen, wenn wir versuchen, überhaupt irgendetwas über etwas zu sagen.[132]

130 Svavarsson 2010; Thorsrud 2010.
131 Bett 2000, S. 29–37.
132 Ebd., S. 37–39; Vogt 2021.

4.2 Aenesidemus, die Zehn Tropen und Erscheinungen

Aenesidemus (1. Jahrhundert v. Chr.) nahm kritischen Abstand von den Ansichten, die in der Akademie seiner Zeit diskutiert wurden, obwohl er sie einst selbst vertreten hatte. Sowohl Philons Proto-Externalismus als auch die Gegenposition, die Antiochus formulierte, schienen ihm dogmatisch zu sein. Man könnte sagen, dass er der erste pyrrhonische Skeptiker war. Aenesidemus schrieb eine Abhandlung, die *Pyrrhonischen Gespräche*, die wahrscheinlich in ihrer Struktur Sextus' *Grundriss der Pyrrhonischen Skepsis* ähneln und teilweise in einer Zusammenfassung von Photios überliefert sind.[133]

Die wesentlichen Elemente von Aenesidemus' Skepsis sind folgende: Die Skeptiker stellen Erscheinungen und Gedanken einander gegenüber; dies führt zu einem Gleichgewicht (*isostheneia*, wörtl. ›von gleichem Gewicht‹) zwischen mehreren Erscheinungen und/oder Gedanken; es folgt Urteilsenthaltung; mit dieser geht Seelenruhe einher; die Skeptiker führen ein Leben geleitet von Erscheinungen.[134]

Allerdings kennen wir kaum Details zu diesen Elementen von Aenesidemus' Ansatz. Stattdessen ist er dafür berühmt, die Zehn Modi oder Tropen entwickelt zu haben – Argumentationsformen, durch die die Skeptiker Erscheinungen und Gedanken einander gegenüberstellen. Kernfragen zu Aenesidemus' Skepsis betreffen

133 Hankinson 2010.
134 DL 9.62, 78, 106–7.

(i) die Interpretation seiner Modi,
(ii) die Beziehung seiner Philosophie zu konkurrierenden Theorien,
(iii) den Phänomenbereich der Zehn Modi und
(iv) skeptische Sprache.

(i) Konfligierende Erscheinungen oder kausale Invarianz

Die Zehn Modi finden sich bei Diogenes Laertius,[135] Philon von Alexandria[136] und Sextus überliefert. Diogenes' Behandlung der Zehn Modi ist möglicherweise jünger als die bei Sextus.[137] Sextus schmückt seine Behandlung mit weitschweifenden Illustrationen aus und integriert die Zehn Modi in seine allgemeine Behandlung des Pyrrhonismus.[138]

Betrachten wir den ersten der Zehn Modi, interpretiert auf die zwei Arten, die in der Literatur diskutiert werden:

10–1: Argumente über Gegensätze, die auf den Unterschieden zwischen Tierarten basieren.

Interpretation a) Konfligierende Erscheinungen
X erscheint einem Tier der Art A (z. B. Mensch) F und einem Tier der Art B F* (wobei F und F* Gegenteile oder auf irgendeine andere Art miteinander unvereinbare Eigenschaften sind). Wir können nicht beurteilen, wie X wirklich

135 9.78–88.
136 *Über Trunkenheit* 169–202.
137 Sedley 2015.
138 *PH* 1.36–163; s. *M* 7.345 für eine Zuschreibung der Zehn Modi zu Aenesidemus; s. Annas-Barnes 1985 und Hankinson 1995, S. 268; die Abfolge unten orientiert sich an Sextus.

ist, denn wir gehören zu einer der Parteien in dieser Streitfrage.

Interpretation b) Kausale Invarianz

Um ›wirklich‹ F zu sein, müsste etwas konsistent verschiedene Wahrnehmende als F affizieren. Doch verursachen verschiedene Konstitutionen verschiedener Tiere unterschiedliche Eindrücke von demselben Ding. Für verschiedene Tiere ist daher etwas F bzw. F* (wobei F und F* Gegenteile oder auf irgendeine andere Weise miteinander inkompatible Eigenschaften sind). Daher scheinen die Dinge nicht wirklich F oder F* zu sein.

Die Interpretation im Sinne von konfligierenden Erscheinungen basiert auf Sextus' Darstellung.[139] Der Fokus liegt hier auf der Idee, dass jedes Tier, wahrnehmendes Subjekt, Sinnesvermögen und denkendes oder urteilendes Subjekt (je nachdem, welchen Modus wir betrachten) nur zu einer Tierart gehört, nur eines von verschiedenen wahrnehmenden Subjekten, eines von mehreren Sinnesvermögen und eines von vielen denkenden oder beurteilenden Subjekten ist. Ein Gegenstand wird von einem bestimmten Standpunkt aus wahrgenommen oder betrachtet. Wir alle sind in unserer jeweiligen Perspektive gefangen, so dass es keine neutrale Position gibt. Deswegen kann die jeweilige Streitfrage – ob eine Sache so oder so ist – nicht entschieden werden.

Die Interpretation im Sinne von kausaler Invarianz dagegen schlägt vor, dass Sextus – nicht Aenesidemus selbst –

139 Annas-Barnes 1985.

den Fokus auf Unentscheidbarkeit angesichts miteinander konfligierender Erscheinungen eingeführt hat. Damit hätte Sextus die Tropen philosophisch uminterpretiert. Anders als Sextus mag Aenesidemus (implizit oder explizit) die folgende Idee akzeptiert haben:

Wenn X von Natur aus F wäre, würde X uns alle als F affizieren. Wenn aber X unterschiedliche Menschen (oder Lebewesen, Sinnesvermögen usw.) als F und F* affiziert, dann ist X von Natur aus weder F noch F*. Wenn zum Beispiel X für A schädlich ist und für B wohltuend, dann ist es von Natur aus weder schädlich noch wohltuend.[140] Die Zehn Modi können generell entweder so konstruiert werden, dass sie von Konflikten zwischen Erscheinungen oder von kausaler Invarianz handeln.

10–2: Argumente, die auf den Unterschieden zwischen Menschen basieren (Unterschiede an Körper und Seele).

10–3: Argumente, die auf den Unterschieden zwischen den Sinnen und auf der Komplexität der wahrgenommenen Gegenstände basieren.

10–4: Argumente, die auf Zuständen (Dispositionen und Zustände eines Menschen, wie z. B. Alter, Bewegung und Ruhe, Emotionen usw.) basieren.

10–5: Argumente, die auf Positionen, Distanzen und Orten basieren.

140 Woodruff 2010, Bett 2000.

10–6: Argumente, die auf Mixturen (Objekte in Vermischung mit externen Dingen wie Luft und Feuchtigkeit; physische Bestandteile von Sinnesorganen; Physiologie von Denken) basieren.

10–7: Argumente, die auf der Zusammensetzung der wahrgenommenen Objekte basieren.

10–8: Argumente, die auf Relativität (zu einem urteilenden Subjekt, zu äußeren Umständen etc.) basieren. 10–8 umfasst zumindest 10–1 bis 10–7, vielleicht auch alle Zehn Modi.

10–9: Argumente, die auf der Beständigkeit oder Seltenheit von Vorkommnissen basieren.

10–10: Argumente, die von Lebensweisen, Sitten, Gesetzen, mythischem Glauben und dogmatischen Annahmen handeln, die alle in Opposition zueinander gebracht werden können.

(ii) Skepsis, Relativismus und Epikureismus

Betrachten wir zunächst die Beziehung zwischen Skepsis und Relativismus.[141] Relativismus, so wie Platon ihn in seinem *Theaitet* formuliert, bezieht sich auf eine ähnliche Bandbreite von Phänomenen wie Sextus' Skepsis. Dinge erscheinen unterschiedlichen Arten von Tieren auf unterschiedliche Weise; und dies gilt ebenso für unterschied-

141 Bett 2000; Vogt 2012a, Kap. 4.

liche Menschen usw. Relativismus stützt sich auf die Intuition, dass (wie wir heute sagen würden) Dissens ohne Fehler möglich ist. Das bedeutet, dass zwei Parteien einander widersprechen können, aber keine von beiden falsch liegt. Wenn dies möglich sein soll, dann müssen wir die Annahme aufgeben, dass beide Parteien sich auf dieselbe Sache beziehen. Das bedeutet, dass der Relativismus eine metaphysische Seite hat: das, von dem scheinbar beide reden und worüber sie uneins sind, existiert gar nicht als gemeinsames Bezugsobjekt. In Platons *Theaitet* löst sich die Welt in einen radikalen Fluss auf: Es gibt keine stabilen Gegenstände mit stabilen Eigenschaften, auf die wir uns alle beziehen können.

Entsprechend der Interpretation, die auf konfligierende Erscheinungen abhebt, gehen die Zehn Modi den umgekehrten Weg.[142] Statt wie der Relativismus eine Auflösung der Welt zu implizieren, stützt das pyrrhonische Argument sich implizit auf die Annahme, dass es stabile Gegenstände mit stabilen Eigenschaften gibt. Natürlich behauptet der Skeptiker nicht, dass dieselbe Sache nicht in derselben Hinsicht gegenteilige Eigenschaften haben kann und dass deshalb zwei konfligierende Erscheinungen nicht beide wahr sein können. Eine solche Behauptung wäre dogmatisch. Und doch setzt skeptische Suche implizit voraus, dass die Welt in etwa so ist, wie eine *common sense*-Metaphysik es nahelegt: Es gibt Dinge mit Eigenschaften, auf die sich verschiedene Parteien beziehen können. Diese Dinge erscheinen uns und anderen unterschiedlich. Es gibt jedoch keinen fehlerfreien Dissens. Immer dann, wenn die Dinge in meh-

142 Annas-Barnes 1985, S. 97 f.; Pellegrin 1997, S. 552 f.

reren, widersprüchlichen Weisen erscheinen, kann bestenfalls eine von beiden Sichtweisen wahr sein. Wenn wir nicht herausfinden können, welche das ist, sollten wir uns eines Urteils enthalten.

Noch einmal: diese Methode bedeutet nicht, dass Pyrrhoneer selbst eine *common sense*-Metaphysik vertreten. Die Zehn Modi sind nur eines von vielen Werkzeugen, die die Skeptiker heranziehen. Die Zehn Modi mögen metaphysische Sichtweisen unterstellen, die die Skeptiker zu anderen Gelegenheiten hinterfragen würden.[143]

Falls dagegen die Modi im Sinne von kausaler Invarianz, statt im Sinne von konfligierenden Erscheinungen, zu verstehen sind, sind die metaphysischen Annahmen, die dialektisch verwendet werden, von anderer Art. Aenesidemus scheint die Beziehung zwischen Skepsis und Flussmetaphysik erforscht zu haben. Er merkt an, dass Skepsis zur Philosophie Heraklits führt. Diese Bemerkung ist berühmt und doch in der Interpretation umstritten. Vielleicht bedeutet sie, dass die pyrrhonischen Modi, wenn man ihre Grundidee weiterverfolgt, auf die Flussmetaphysik führen; dieser Lesart zufolge bleibt ein Unterschied zwischen beidem – der Skepsis und der Flussmetaphysik – gewahrt. Die Idee, dass ein Ding verschiedenen Tieren, Menschen usw. gegenteilige Eigenschaften zu haben scheint, führt aus dieser Sicht zu der Idee, dass es tatsächlich gegenteilige Eigenschaften hat.[144] Dieser Gedanke kann einer gemäßigten Flussmetaphysik und dem Relativismus zugeschrieben

143 Fine 2003b, S. 352.

144 *PH* 1.210; s. Schofield 2007 zu der Rolle von Heraklit und kausaler Invarianz.

werden. Es gibt keine stabile Realität (gemäßigte Flussmetaphysik); und X ist für ein Subjekt F und für ein anderes Subjekt F* (Relativismus). Diese Analyse unterscheidet sich von der oben vorgestellten Lesart der Modi, die auf kausale Invarianz abhebt. Letzterer zufolge scheint Aenesidemus zu sagen, dass die Dinge *weder* F noch F* sind, anstatt dass sie, wie der Relativismus behaupten würde, *sowohl* F wie F* sind.

Ein dritter Ansatz, der sowohl mit der Skepsis als auch mit dem Relativismus in Konkurrenz steht, ist die epikureische Erkenntnistheorie. Es geht dabei erneut um dieselbe Klasse von Phänomenen: unterschiedliche Erscheinungen bzw. Wahrnehmungen. Doch werden diese Phänomene anders beschrieben. Epikur beharrt darauf, dass wir noch nicht einmal von konfligierenden Erscheinungen sprechen sollten. Stattdessen ginge es um unterschiedliche Wahrnehmungen. Wahrnehmungen können sich gegenseitig nicht widerlegen, weil einer jeden Wahrnehmung die gleiche Gewichtung zukommt. Epikur verwendet hier einen Begriff, der im Pyrrhonismus zentral ist: gleiche Gewichtung, *isostheneia*.[145]

Die Tatsache, dass sich Wahrnehmungen unterscheiden, kann auf ganz einfache Weise erklärt werden: Ich betrachte einen Gegenstand aus größerer Entfernung, du aus der Nähe; ich bin erkältet, du bist gesund; ich bin ein Mensch, ein anderes Lebewesen ist ein Hund usw. Diese Tatsachen spielen eine Rolle in Erklärungen davon, wie unsere Wahrnehmungen beschaffen sind. Dementsprechend argumentiert Epikur, dass alle Wahrnehmungen,

145 DL 10.31–2.

auch dann, wenn sie einander widersprechen, wahr sind. Sie alle haben einen kausalen Werdegang, den die Physik erklären kann.

Es wird in der Forschung kontrovers diskutiert, wie genau dieser Vorschlag zu interpretieren ist. Man mag einwenden, dass der Begriff von Wahrheit, wie ihn Epikur verwendet, sehr speziell ist. So ist es etwa nicht klar, was es heißt, alle Wahrnehmungen als wahr zu beschreiben, wenn sie nicht wahr *oder* falsch sein können. So oder so stellt der epikureische Ansatz jedoch einen weiteren Versuch dar, die Unterschiedlichkeit von Wahrnehmungen in einer philosophischen Theorie anzuerkennen und einzuordnen.

(iii) Skopus

Zum größten Teil scheinen die Zehn Modi von Wahrnehmung in einem weiten Sinne zu handeln, so dass Wahrnehmung Lust und Schmerz, Schaden und Nutzen und auch Streben und Vermeiden umfasst. Etwas als lustvoll oder nützlich wahrzunehmen bedeutet, es zu erstreben. Wahrnehmung und Bewertung sind auch auf eine andere Weise miteinander verknüpft: Je nachdem, wie oft wir etwas wahrnehmen, scheint es uns mehr oder weniger faszinierend und wertvoll zu sein. **10–10** handelt von Gegensätzen, die mit Hilfe von dogmatischen Thesen konstruiert werden. Somit passt Sextus' Beschreibung von Skepsis – also die Fähigkeit, Erscheinungen und Gedanken (*phainomena* und *nooumena*) gegeneinander in Opposition zu setzen – zur Anwendung der Zehn Modi.[146]

146 *PH* 1.8, 1.31–33; vgl. DL 9.78.

Zusätzlich stellt sich mit Bezug auf den Skopus der Zehn Modi die Frage, ob die betreffenden Argumente von generellen oder einzelnen Dingen handeln.

Vergleichen wir das Beispiel, ob ein Turm rund oder quadratisch (T), mit dem Beispiel, ob Honig süß oder bitter ist (H). (T) betrifft ein Einzelding, denn es stellt sich die Frage, ob ein bestimmter Turm rund oder quadratisch ist. (H) kann als ein Einzelding betreffend konstruiert werden (»ist genau dieser Honig vor mir süß oder bitter?«) oder als eine generelle Frage (»ist Honig süß?«). Die Zehn Modi bieten Strategien für eine Urteilsenthaltung für beide Arten von Fragen.

Die Forschung hat diskutiert, ob es ein Problem für die Skepsis sei, dass die Zehn Modi ›systematisch‹ zu sein scheinen.[147] Eine Klasse von Argumenten, die den Anspruch erhebt, vollständig zu sein und verschiedene Bereiche nach einer standardisierten Methode abzudecken, scheint nicht so recht zu der skeptischen Art des Untersuchens zu passen. Vermeintlich denken Skeptiker über Fragen nach, die sich ihnen stellen, und gelangen so jeweils mit Bezug auf eine spezifische Frage zur Urteilsenthaltung. Wenn diese Selbstbeschreibung korrekt ist, dann scheinen Modi, die zu genereller Urteilsenthaltung führen, problematisch zu sein.

In dieser Hinsicht sollten wir vielleicht dem Bericht von Diogenes Laertius einen besonderen Stellenwert einräumen: Diogenes beginnt seinen Bericht über die Zehn Modi mit einer Bemerkung, die vermuten lässt, dass Skeptiker das aufgreifen, worüber andere Philosophen bereits zu ar-

147 Sedley 2015.

gumentieren begonnen haben.[148] Andere Philosophen haben, so scheint es, gefragt, was uns typischerweise überzeugt; werden wir etwa dadurch überzeugt, dass Dinge oft auf die gleiche Weise erscheinen? In Reaktion hierauf sammeln die Skeptiker Fälle, in denen Dingen verschiedenen Wahrnehmenden bzw. Denkenden *nicht* auf die gleiche Weise erscheinen.

Wenn dies die dialektische Situation ist, dann sind die Zehn Modi möglicherweise nicht auf eine Art und Weise ›systematisch‹, die die Skepsis unterminieren würde. Stattdessen ahmen sie vielleicht die Strukturen dogmatischer Berichte von stabilem Erscheinen nach.[149]

(iv) Sprache

Aenesidemus steuert einen interessanten Vorschlag bei, wie Skeptiker sprechen können: Betrachten wir die Beziehung zwischen dem mentalen Zustand von Skeptikern und ihren sprachlichen Äußerungen. Eine Möglichkeit, diese Beziehung zu verstehen, besteht darin, zu sagen, dass die sprachlichen Äußerungen den mentalen Zustand widerspiegeln. Dies bildet eine Hintergrundannahme für die Idee, dass Skeptiker, wenn sie behauptende Äußerungen tätigen, Meinungen haben.

Eine andere Möglichkeit lautet, dass Sprache nicht dazu geeignet ist, den mentalen Zustand der Skeptiker auszudrücken. In diesem Fall könnten Skeptiker ihre sprachlichen Äußerungen mit einem Warnhinweis versehen, der

148 9.78–9.
149 Sedley 2015.

darauf hinweist, dass die sprachliche Form dem mentalen Zustand nicht vollständig angemessen ist.

So lautet Aenesidemus' Strategie. Er sagt, dass die Pyrrhoneer nichts »bestimmen« bzw. nichts bestimmte Eigenschaften zuschreiben – noch nicht einmal, dass sie nichts bestimmen. Die Pyrrhoneer drücken sich so aus, wie sie es tun, weil sich ihr eigentliches Denken in Worten nicht fassen lässt. Sie haben keine Möglichkeit, zu artikulieren, dass sie ihre mentalen Einstellungen nicht als soundso bestimmen.[150]

4.3 Agrippa und die Fünf Modi

Wir wissen beinahe nichts über Agrippa (1.–2. Jh. n. Chr.; SE *PH* 1.164–177; DL 9.88–89). Doch werden ihm die Modi der Argumentation, die Sextus die Fünf Modi nennt, zugeschrieben. Diese Modi gehören zu den berühmtesten Argumenten in der antiken Skepsis.[151]

> **5–1 *Diaphônia***: Der Modus, der sich auf Meinungsverschiedenheit beruft.

In Bezug auf etwas, das sich uns präsentiert, besteht ein unentschiedener (*anepikriton*) Konflikt, und zwar sowohl zwischen verschiedenen alltäglichen als auch zwischen verschiedenen philosophischen Sichtweisen. Aus diesem Grund sind wir außerstande, ein Ding zu wählen oder zu-

150 Photius, *Bibl.* 168b40–170a14, = 71C(6)-(8)LS.
151 Barnes 1990, Hankinson 2010.

rückzuweisen, und müssen auf den Zustand der Urteilsenthaltung zurückgreifen.

5–2 ***Eis apeiron ekballonta:*** Argumente, die in einen infiniten *Regress* führen.

Das, was angeführt wird, um eine bestimmte Sache glaubhaft zu machen, benötigt wiederum etwas anderes, um selbst glaubhaft zu sein, und so weiter *ad infinitum*. Da wir keinen Ausgangspunkt für unser Argument haben, folgt Urteilsenthaltung.

5–3 ***Pros ti:*** Argumente, die sich auf *Relativität* berufen.

X erscheint soundso in Relation zu dem urteilenden Subjekt und zu den Dingen, die mit ihm zusammen betrachtet werden. Es folgt Urteilsenthaltung in Bezug darauf, wie X wirklich ist.

5–4 ***Hypothesis:*** Jemand stellt eine Annahme auf, ohne für sie zu argumentieren.

Eine Dogmatikerin, die in einen infiniten Regress von Argumenten gerät, nimmt einfach etwas als Ausgangspunkt an, ohne dafür ein Argument zu liefern (*anapodeiktikôs*). Wir enthalten uns über bloße Annahmen, denn sie könnten falsch sein oder gegenteilige Hypothesen könnten formuliert werden, und so weiter.

5–5 ***Ton diallêlon:*** zirkuläre Argumente.

Dieser Modus liegt vor, wenn das, was eine untersuchte Sache stützen soll, selbst Bestätigung (*pistis* – ›Glaubwürdigkeit‹) von dieser Sache benötigt. Wir sind nicht in der Lage, eines von beiden anzunehmen, um das andere zu etablieren. Wir enthalten uns daher eines Urteils in Bezug auf beide Sachen.

Es wird oft behauptet, dass die Zehn Modi, so wie Sextus sie präsentiert, von konfligierenden Erscheinungen handeln, während sich die Fünf Modi um Argumente oder Beweise drehen. In den Fünf Modi entwickeln die Skeptiker Strategien, mit deren Hilfe sie Theorien angreifen, die von Dogmatikern verteidigt werden. Wenn wir die Modi auf diese Weise charakterisieren, könnte einem schnell Aristoteles' Einwand[152] in den Sinn kommen. Zeigen die Fünf Modi einfach nur, dass die Skeptiker etwas Grundlegendes nicht verstehen, weil sie annehmen, dass alles bewiesen werden muss?[153] Die drei sogenannten formalen Modi – Regress, Hypothese und Zirkularität – können auf diese Weise konstruiert werden; durch ihre Anwendung können die Skeptiker dafür argumentieren, dass eine jede Prämisse durch ein Argument gestützt werden muss; wenn dies nicht der Fall ist, dann fußt die Theorie auf einer bloßen Hypothese;[154] oder sie ist letztendlich zirkulär.

Doch sind die Skeptiker möglicherweise immun gegen diesen Einwand:

1. Die Modi können als rein dialektische Argumente

152 Abschnitt 2.3.

153 Barnes 1990; Hankinson 1995, S. 182–192; Long 2006, Ch. 3.

154 Zu früheren Verwendungsweisen des Begriffs ›Hypothese‹ in Platon und in Medizin, s. Cooper 2002 [2004a].

konstruiert werden, die sich auf dogmatische Rechtfertigungstheorien berufen.[155]

2. Ihr Skopus könnte weiter gefasst sein: **5–1** und **5–3** untersuchen Dissens und Relativität. Skeptische Untersuchung beginnt oft mit dem Modus von Dissens: Es werden unterschiedliche Antworten auf gegebene Fragen durchgespielt und der Konflikt zwischen ihnen untersucht. Die Interpretation von **5–1** hängt wesentlich von der Frage ab, ob *anepikriton* als ›unentschieden‹ oder ›unentscheidbar‹ zu verstehen ist.[156]

Es wäre dogmatisch zu behaupten, dass Fragen unentscheidbar sind. Die Pyrrhoneer müssen der Idee den Vorzug geben, dass – zumindest bis jetzt – die Fragen nicht entschieden sind. In ihrer Verwendung des Modus des Dissenses können Skeptiker entweder ein konfligierendes Argument, das andere formuliert haben, wiedergeben, oder sie können selbst ein Argument entwickeln, das einer dogmatischen Sichtweise widerspricht.[157] Das führt zu der Frage, ob etwas gefunden werden kann, das eine Frage entscheidet, und somit zu der Verwendung von anderen Modi.

Die Forschung hat darauf aufmerksam gemacht, dass **5–3**, also der Modus der Relativität, nicht wirklich in die Sequenz der Fünf Modi passt. Doch könnten die Fünf Modi die Zehn Modi ersetzen, und **5–3** könnte dahingehend interpretiert werden, dass in diesem Modus sich der rote Faden, der die Zehn Modi prägt, zeigt. Mit Hilfe von **5–3** können die Skeptiker argumentieren, dass die von Dogma-

155 Striker 2004.
156 Barnes 1990.
157 Sienkiewicz 2019, S. 47–51.

tikern angeführten Prämissen von einem bestimmten Standpunkt aus formuliert sind, in bestimmten Kontexten usw.[158]

3. Selbst die sogenannten formalen Modi (**5–2**, **5–4**, **5–5**) handeln möglicherweise nicht nur von Beweisen in einem engen Sinne, sondern eher von all dem, das zu Gunsten der Plausibilität einer anderen Sache angeführt werden kann. Im Falle von Regress (**5–2**), dem ersten der formalen Modi, spricht der Text etwa nicht explizit von Beweis (*apodeixis*).[159] Sextus' Sprache ist allgemeiner: Der Modus handelt von all dem, das etwas anderes glaubhaft machen kann.

Vielleicht sollten wir diese Idee sogar in den Kontext der hellenistischen Sichtweise, dass der Beweis eine Art von Zeichen ist,[160] einbetten. Ein Zeichen enthüllt etwas, das nicht offensichtlich ist. Rauch, der auf ein Feuer hinweist, hat nach dieser Auffassung eine Funktion und Struktur, die einem Beweis ähnelt. Es ist denkbar, dass die Fünf Modi allgemein die Zeichen-Inferenz angreifen. Wenn dies der Fall ist, dann attackieren sie möglicherweise auch induktives Schließen und Kausalerklärungen. Bemerkenswerterweise sagt Sextus, wenn er eine weitere Art von Modi einführt, in Bezug auf die Kausalen Modi, dass sie nicht wirklich benötigt werden, weil die Fünf Modi ausreichen.[161] Alle die Fünf Modi zusammengenommen verneinen jeglichen »Beweis,

158 Für eine Lesart, die die Rolle des ersten Modus auf Kosten der Rolle des dritten betont, s. Sienkiewicz 2019.

159 Diese Tatsache wird in Bury's Loeb-Übersetzung verdunkelt; **5–4** ist die einzige Stelle in Sextus' Bericht der Fünf Modi, die ein mit *apodeixis* verwandtes Wort verwendet.

160 *PH* 2.122.

161 *PH* 1.180–86.

Kriterium, Zeichen, Ursache, Bewegung, Lernen, Entstehen und dass es irgendetwas gibt, das von Natur aus gut oder schlecht ist«.[162] Dies ist deutlich mehr als nur Beweis. Tatsächlich stellt diese Auflistung, die aus dem Bericht von Diogenes stammt, eine exzellente Zusammenfassung der zentralen Themen in Sextus' Diskussionen von Logik, Physik und Ethik dar.

4.4 Sextus Empiricus

Sextus' (um 160–210 n. Chr.) Epithet »Empiricus« weist darauf hin, dass er zu den Empirikern gehört, einer medizinischen Schule.[163] Die empirische Ärzteschule argumentierte gegen rationalistische Tendenzen in der Medizin.[164]

Rationalismus in der Medizin strebt an, Kausalerklärungen zur Grundlage von Therapien zu machen. Empirismus dagegen beschränkt sich auf Beobachtung und Erinnerung. Es ist (angesichts Sextus' Namen) etwas verwirrend, dass Sextus Unterschiede zwischen Pyrrhonismus und Empirismus diskutiert, und dass er ausführt, dass Skepsis größere Nähe zum medizinischen Methodismus als zum Empirismus habe.[165]

Im Großen und Ganzen mag es am sichersten sein, Sextus als jemanden zu verstehen, der medizinischen Rationa-

162 DL 9.90.
163 Siehe Svavarsson 2014 für einen kurzen Überblick über Sextus' Philosophie.
164 Frede 1990, Allen 2010.
165 Allen 2010.

lismus und andere Trends in der Medizin, die nach seinen Maßstäben dogmatisch sind, zurückweist. Der Methodismus folgt Erscheinungen und leitet von ihnen das ab, was ihm nützlich zu sein scheint. Es werden keine Erklärungen angeführt, keine zugrundeliegenden Substanzen postuliert und keine Gesetzmäßigkeiten angenommen – dies sind einige der rationalistischen Methoden, gegen die sowohl Methodismus als auch Empirismus argumentieren. Methodismus behauptet auch nicht, dass solche Erklärungen unmöglich sind, oder dass bestimmte zugrundeliegende Substanzen und Gesetzmäßigkeiten nicht existieren. Sextus nimmt gegenüber dem Empirismus eine hypothetische Haltung ein. *Wenn* der Empirismus derartige Behauptungen aufstellt, ist er unpassend für Skeptiker.[166]

Doch der Umstand, dass Sextus ein Arzt war und über Medizin geschrieben hat, scheint auch sein philosophisches Denken beeinflusst zu haben. Die Forschung ist seit langer Zeit an der Beziehung zwischen Medizin und skeptischen Argumenten, die therapeutisch sein sollen, interessiert.[167] In der jüngeren Forschung wird sogar untersucht, wie medizinische Schriften – insbesondere die Galens – für Sextus' Denken richtungsweisend waren, selbst in Bezug auf so spezifische Themen wie die Frage, wie man Sophismen verstehen und lösen soll.[168] Es wurde auch vorgebracht, dass die skeptischen Verwendungsweisen der Modi im Lichte ihrer methodologischen Festlegung auf nichtrationalistische Medizin interpretiert werden sollten.[169]

166 SE *PH* 1.236–241.
167 Voelke 1990.
168 Schmitt b, Schmitt c.
169 Sienkiewicz 2019, 2020.

Sextus' philosophische Schriften werden traditionellerweise in zwei Gruppen unterteilt:

1. Der *Grundriss der Pyrrhonischen Skepsis* [PH] besteht aus drei Büchern. PH 1 ist die einzige umfassendere Darstellung des Pyrrhonismus, die überliefert ist. PH 2 und 3 diskutieren Fragen der Logik, Physik und Ethik.
2. Die anderen Schriften werden zusammenfassend als »Gegen die Mathematiker« [M] bezeichnet.

Die als »M« zitierten Bücher argumentieren allerdings nicht nur gegen Mathematiker, sondern auch gegen andere Theoretiker; der griechische Titel bedeutet eigentlich »Gegen die Theoretiker« oder »Gegen die Gelehrten«.[170] Darüber hinaus sollte streng genommen nur M 1–6 diesen Namen, der gelehrte Vertreter verschiedener Disziplinen anspricht, führen. M 1–6 stellt ein vollständiges Werk dar, und M 7 scheint keine Fortführung hiervon zu sein.[171] M 1–6 diskutiert Grammatik, Rhetorik, Geometrie, Arithmetik, Astrologie und Musiktheorie. Diese Werke argumentieren gegen theoretisches »Lernen« in diesen Disziplinen. M 7–11 diskutiert Kernfragen der drei philosophischen Disziplinen Logik, Physik und Ethik und könnte daher angemessenerweise »Gegen die Logiker« (M 7–8), »Gegen die Physiker« (M 9–10) und »Gegen die Ethiker« (M 11) heißen. Die Forschung ist zudem unterschiedlicher Meinung, ob M eine frühere[172] oder spätere Schrift als PH[173] darstellt. Ebenso kontrovers

170 Bett 2012.
171 Ebd., »Introduction«.
172 Bett 1997.
173 Janácek 1948 und 1972.

wird diskutiert, ob wir verschiedene Varianten von Skepsis in Sextus' Werk als mehr oder eher als weniger ausgefeilt bewerten sollten. Diejenigen, die *PH* für ein Spätwerk halten, vertreten diese Position oft, weil sie *PH* für ein Werk von größerer philosophischer Finesse halten. Sie weisen auf negativ dogmatische Behauptungen in *M* 1–6 und *M* 11 hin, denen zufolge es bestimmte Dinge nicht gibt oder bestimmte Dinge nicht gewusst werden können. Derartige Aussagen vermeidet Sextus in *PH*, wo er Themen aus *M* 7–10 in knapperer und vielleicht auch philosophisch präziserer Form behandelt.[174]

Diese Fragen werden noch komplexer, wenn man bedenkt, dass Sextus versucht, unterschiedliches Material, wie etwa verschiedene Arten von Modi, in seine eigene Skepsis zu integrieren. Nach jüngst erschienenen Interpretationen stellen die verschiedenen Arten von Modi Teile eines zusammengehörigen philosophischen Ansatzes dar.[175] Morison[176] vertritt die These, dass die Zehn Modi und die Fünf Modi den gleichen Zweck erfüllen. Beide dienen dazu, Argumente zu produzieren, die Argumenten für bestimmte philosophische Positionen gegenüber gleichwertig und entgegengesetzt sind.

Man könnte die These vertreten, dass zwei Arten von Konsistenz in Sextus' Werken zu finden sind. Zum einen zielt Sextus auf die Konsistenz eines philosophischen Ansatzes ab. Zum anderen will er konsistenterweise eine Antwort auf jeden Einwand haben.

174 Bett 1997; Brunschwig 1980.
175 Powers 2010.
176 Morison 2018.

Diese beiden Ansätze überschneiden sich deutlich, können aber auch voneinander getrennt gesehen werden. Ein Argument mag einen bestimmten Kritiker widerlegen und damit hilfreich sein, einen bestimmten Einwand zu entkräften. In diesem Sinne kann das Argument Sextus' Konsistenz wahren, da es den Skeptiker mit einer Antwort auf eine bestimmte dogmatische Kritik ausstattet. Doch könnte zugleich dieses Argument Implikationen haben, die mit der Art, auf die Sextus an anderen Stellen seine skeptische Philosophie erklärt, nicht vereinbar sind. Solche Spannungen sind insbesondere relevant, wenn Sextus Kernbegriffe verwendet. So ist es etwa nicht klar, dass Sextus den Begriff von Erscheinungen (*phainomena*) konsistent verwendet.[177] An einigen Stellen trifft er eine Unterscheidung zwischen Erscheinungen und Gedanken (*nooumena*). Zumeist aber verwendet Sextus den Begriff der Erscheinungen in einem breiter angelegten Sinn: Skeptikern erscheint etwas in der Wahrnehmung oder im Denken soundso. In manchen Kontexten arbeitet Sextus mit der Idee, dass Erscheinungen Eindrücke sind; auf diese Weise klingen dogmatische Annahmen an, entsprechend denen Eindrücke passiv erhalten werden. In anderen Kontexten stellt er sich Erscheinungen dann wieder nicht als nur passiv wahrgenommen vor.[178]

Es ist daher nicht überraschend, dass die Interpretation von Sextus' Pyrrhonismus sehr kontrovers ist. Das betrifft insbesondere die Frage, ob Skeptiker irgendwelche Mei-

177 *PH* 1.8–9; 1.15; 1.22; für die Interpretation, dass Sextus diesen Begriff durchgehend konsistent verwendet, s. Barney 1992.

178 Vogt 2012b.

nungen, oder Meinungen irgendeiner Art, haben. In den vergangenen Jahrzehnten haben Forschende ihre Aufmerksamkeit stärker auf diese Frage als auf irgendeine andere interpretative Schwierigkeit gerichtet. Da die Texte möglicherweise verschiedene Spielarten des Pyrrhonismus zeigen, wird ihre Auslegung in einem gewissen Maße durch die philosophischen Interessen geformt, die wir an sie herantragen.

Zwei Ansätze sind hier besonders prominent:

1. Einige Forschende finden bei Sextus eine Erklärung von Handlung, die die üblichen antiken und modernen Theorien von Handlung infragestellt. Vielleicht, so der Gedanke, porträtieren diese Theorien gewöhnliche Akteure als zu rational, wenn sie annehmen, dass jede Handlung eine aktiv geformte Meinung dazu einschließt, was gut oder was zu tun ist. In der Forschung wird diskutiert, wie weit wir mit Sextus gehen können, wenn man sich fragt, ob ein Leben, das von Erscheinungen (wie wir uns nach Sextus' Beschreibung das skeptische Leben vorstellen sollen) gelenkt wird, vielleicht letzten Endes einfach ein gewöhnliches Leben ist.[179]
2. Es stellt sich die Frage, ob man die Aspekte, die Pyrrhonismus radikal anders als ein gewöhnliches Leben aussehen lassen, ernstnehmen kann. Aus dieser Perspektive laden Sextus' Texte zu Reflektionen ein, ob es möglich wäre, ohne Meinungen zu leben.[180]

179 Frede 1979 [1997].
180 Burnyeat 1980 [1997]; Barnes 1982 [1997]; Burnyeat 1984 [1997].

Die Forschung zur antiken Skepsis konzentriert sich dabei besonders auf *PH* 1, das einzige Buch unter Sextus' erhaltenen Schriften, das eine Gesamtdarstellung der pyrrhonischen Skepsis als Ansatz in der Philosophie bietet. Sextus gibt in *PH* 1 eine allgemeine Darstellung davon, was Skepsis ist, und diskutiert die Themen skeptische Untersuchung, Urteilsenthaltung, das skeptische Ziel, Handlung und Sprache; er gibt Listen und Illustrationen von diversen Modi; er erklärt die sogenannten skeptischen Formulierungen (*phônai*) wie etwa »ich bestimme nichts«, »Nicht-Behauptung« oder »vielleicht« und vergleicht Skepsis mit ähnlichen Philosophien.

Sextus betont, dass Skeptiker Untersuchende sind. Andere Denker entwickeln entweder Theorien oder stellen Behauptungen über die Unmöglichkeit von Wissen auf. Ersteres gilt ihm als Dogmatismus, Letzteres als negativer Dogmatismus, demzufolge die untersuchte Sache die eigene Fähigkeit zu entscheiden übersteigt und daher nicht gewusst werden kann. Anders als beide Arten von Dogmatikern führen die Skeptiker ihre Untersuchung fort.[181] Für sie besteht eine Untersuchung darin, Erscheinungen und Gedanken einander entgegenzusetzen[182] und dabei die verschiedenen Modi anzuwenden.[183] Skepsis ist keine Lehre, sondern vielmehr ein philosophischer Ansatz.[184] Viele der Überlegungen, zu denen Skeptiker gelangen, indem sie etwa die Modi anwenden, schlagen sich in den

181 *PH* 1.1–4.

182 *PH* 1.8. Morison 2011 schlägt eine Rekonstruktion der Skepsis vor, die diese Beschreibung als Ausgangspunkt nimmt.

183 *PH* 1.36–186.

184 Smith 2022.

skeptischen Formulierungen nieder.[185] Der Ausgangspunkt (*archê*) von Skepsis ist Abweichung – *anômalia*. Skeptiker werden zutiefst beunruhigt durch die Unstimmigkeiten, die sie entdecken, und beginnen aus diesem Grunde ihre Untersuchung.[186] Sie hoffen, Seelenruhe zu erlangen, indem sie entscheiden, was wahr und was falsch ist. Doch machen sie dann eine überraschende Erfahrung: Sie stoßen auf einen Konflikt zwischen gleichermaßen überzeugenden Ansichten (*isostheneia*) und sehen sich selbst außerstande, sich zwischen diesen zu entscheiden, geben auf und erfahren Seelenruhe (*ataraxia*).[187] Das Ziel der Skeptiker (*telos*) ist Seelenruhe in Bezug auf Meinung (*kata doxan*) und gemäßigtes Affiziertsein (*metriopatheia*) durch Angelegenheiten, die uns aufgezwungen werden.[188] Das bedeutet, dass Skeptiker sich selbst von den Arten von Unruhe, die mit Meinungen einhergehen, befreien können. Sie können sich nicht von Frieren, Durst oder Schmerz befreien. Doch leiden sie weniger als andere, weil sie nicht die zusätzliche Meinung haben (*prosdoxazein*), dass etwa Schmerz schlecht ist. Skeptiker müssen erklären, wie sie ohne Meinung (*adoxastôs*) handeln können. Sextus führt aus, dass Skeptiker Erscheinungen folgen, und das bedeutet, dass sie sich an die vier Lebensarten halten:[189]

185 *PH* 1.13–15; 187–209.
186 *PH* 1.12.
187 Striker 1990 [1996]; Nussbaum 1994.
188 *PH* 1.25–29.
189 *PH* 1.21–24.

1. Natur stattet sie mit Wahrnehmung und Denken aus;
2. notwendige Affektionen leiten sie zu Handlung an (beispielsweise leitet Durst sie zum Trinken an);
3. sie befolgen Traditionen und Sitten; und
4. sie können technische Fertigkeiten ausüben, wenn sie eine entsprechende Ausbildung absolviert haben.

Der Begriff der Erscheinungen ist auch zentral für Sextus' Verständnis davon, wie Skeptiker sprechen können. Ohne Behauptungen aufzustellen, berichten Skeptiker (*apangellein*) wie Geschichtsschreiber (*historikôs*), was ihnen jetzt erscheint.[190]

Die folgenden Aspekte von Sextus' Skepsis sollen hier genauer betrachtet werden:

(i) Untersuchung und Seelenruhe,
(ii) Begriffe und Schlussregeln,
(iii) Meinung,
(iv) die skeptischen Ausdrücke,
(v) Erscheinungen,
(vi) Sprache,
(vii) Handlung und
(viii) die sogenannten speziellen Argumente, d.h. Argumente, die nicht im Allgemeinen den Pyrrhonismus erklären, sondern sich mit bestimmten dogmatischen Theorien in Logik, Physik und Ethik auseinandersetzen.

190 *PH* 1.4.

(i) Untersuchung und Seelenruhe

Jede Untersuchung muss, so könnte man meinen, die Entdeckung von Wahrheit zum Ziel haben, andernfalls wäre sie keine richtige Untersuchung. Doch scheinen Skeptiker gezielt die skeptischen Modi anzuwenden, um zu Urteilsenthaltung und Seelenruhe zu gelangen. Die Forschung ist sich darüber uneins, ob Skeptiker tatsächlich darauf aus sind, die Wahrheit zu entdecken.[191] Schließlich scheinen sie ihre Argumentformen sozusagen automatisch anzuwenden und damit (mindestens auch) die Erlangung von Seelenruhe anzustreben.

Es ist bemerkenswert, dass dieser Einwand anders als die anderen Einwände, die zentral sind für die zeitgenössische Auseinandersetzung mit antiker Skepsis, in der Antike nicht erhoben wurde. Wenn man sich der antiken Skepsis im Kontext von griechischer Philosophie nähert, dann fällt zunächst auf, dass die Skeptiker in gewissem Sinne Sokrates, Platon, Aristoteles, Epikur und den Stoikern zustimmen. All diese Philosophen verteidigen auf verschiedene Art und Weise ein Leben der Vernunft, Kontemplation, Weisheit oder philosophischer Suche als das beste oder zumindest als ein sehr gutes menschliches Leben.[192] Der Einwand, dass skeptische Suche nicht ernsthaft geschieht, mag also in der Antike nicht ganz in der gleichen Weise aufgekommen sein, wie er heute diskutiert wird, weil eine Selbstverpflichtung zu philosophischer Suche für die meis-

191 Palmer 2000; Striker 2001; Perin 2006; Veres 2020b.

192 Zu Ähnlichkeiten zwischen der skeptischen Selbstverpflichtung zur Suche und Aristoteles, s. Olfert 2015.

ten Philosophen selbstverständlich ist. Zudem ist es vielleicht bedenkenswert, dass es zwei Ziele gibt, wenn man es auf Wahrheit anlegt: Es geht nämlich immer darum, sowohl Wahrheiten zu akzeptieren als auch Falschheiten zu vermeiden. Die Modi sind darauf zugeschnitten, uns davon abzuhalten, etwas als wahr zu akzeptieren, das falsch sein könnte. Insofern die Bemühungen der Skeptiker, Falschheiten zu vermeiden, bedeuten, dass sie Wahrheit wertschätzen, mag ein Skeptiker als ein genuin Suchender gelten.[193]

Ein ähnlicher Einwand hinterfragt die Praxis von skeptischer Suche. Nimmt Sextus an, dass, wenn verschiedene Argumente einander gegenübergestellt sind, die jeweiligen Argumente für die Skeptiker tatsächlich gleichermaßen überzeugend sind? Dies scheint nicht sehr plausibel zu sein: Zumindest in manchen Fällen neigen skeptische Untersuchende sicherlich mehr zu einer Sicht als zu der anderen. Wie gelangen sie dann aber dazu, sich eines Urteils zu enthalten? Eine skeptische Strategie besteht darin, sich selbst in Erinnerung zu rufen, dass weitere Argumente in der Zukunft formuliert werden könnten.[194] Eine andere Strategie besteht darin, zu bedenken, dass verschiedene Argumente für verschiedene Personen überzeugend sind.[195] Ein weiterer Vorschlag lautet, dass Skeptiker in einer ähnlichen Position wie Studierende sein könnten, die ein Seminar zu einem komplexen philosophischen Thema wie etwa Freiheit und Determinismus besuchen. Vielleicht findet man eine Theorie besonders attraktiv. Dies ist vereinbar da-

193 Vogt 2012a, Kap. 5; Olfert 2014.
194 *PH* 1.33–34, 89, 96–97; 2.38–41; 3.322–34.
195 Svararsson 2014.

mit, dass man – »insofern es um Argumente geht« – nicht in der Lage ist, die Kontroversen zu klären.[196]

(ii) Begriffe und Schlussregeln

Gesetzt den Fall, dass Skeptiker nicht zustimmen: Wie können sie dann die Begriffe, die Philosophen benutzen, verstehen?[197] Oder noch radikaler: Wie können sie überhaupt denken?[198] Dieser Einwand, von dem Sextus sagt, dass er wiederholt gegen die Skeptiker vorgebracht wird, beruht auf der Annahme, dass das Erwerben und Benutzen von Begriffen mit der Akzeptanz von Annahmen einhergeht. So müssen Skeptiker, um eine bestimmte Beweistheorie zu untersuchen, überhaupt erst einmal einen Begriff davon haben, was ein Beweis ist. Dies impliziert Annahmen wie etwa die, dass ein Beweis aus Prämissen und einer Konklusion besteht.

Sextus' Antwort auf diesen Einwand beruft sich auf epikureische und stoische Theorien von Vorbegriffen. Diesen Theorien zufolge werden Menschen nicht bereits vernünftig geboren.[199] Das Erwerben von Vernunft ist ein naturgeleiteter Prozess des Begriffserwerbs. Mit einem bestimmten Alter haben Kinder diesen Prozess abgeschlossen. Sie sind rational geworden, und damit können sie auf konzeptuelle Weise wahrnehmen und denken. Erst jetzt haben sie rationale Eindrücke, denen sie zustimmen können oder

196 Siehe Vogt 2012a, Kap. 5, zu dem Ausdruck »insofern es um die Argumente geht« und skeptischer Untersuchung; für eine generelle Diskussion dieses Ausdrucks, s. Brunschwig 1990.

197 *M* 8.337–332a.

198 *PH* 2.1–12.

199 Frede 1994, 1996.

nicht. Das Erwerben von Vorbegriffen bedurfte nicht der Zustimmung, weil das Kind damals schlicht noch keine Vernunft besaß.[200]

Sextus lässt in seiner Antwort auf den *Apraxia*-Einwand dogmatische Ideen zum Erwerb von Vernunft (oder: der Fähigkeit zu konzeptuellem Denken) anklingen.[201] Zuallererst ist festzuhalten, dass Skeptiker deshalb aktiv sind, weil die Natur sie mit Wahrnehmung und Denken ausgestattet hat.[202] Allgemeiner ausgedrückt hängt die Fähigkeit der Skeptiker, zu denken und zu untersuchen, von der Tatsache ab, dass sie im Laufe des Erwachsenwerdens Begriffe erworben haben. Dieser Vorgang bedurfte nicht ihrer Zustimmung, und aus diesem Grund, so Sextus, ist die Fähigkeit der Skeptiker, zu denken, kompatibel mit ihrer Urteilsenthaltung.[203] Damit ist denkbar, dass die Fähigkeit der Skeptiker, zu verstehen, ein gewisses Wissen erfordert, nämlich eine Art von Wissen, die keine Meinung beinhaltet.[204] Diese Option scheint kontraintuitiv angesichts der heute gängigen Prämisse in der Erkenntnistheorie, nach der jemand, der weiß, dass p, auch glaubt, dass p. Der in skeptischen Diskussionen in diesem Zusammenhang relevante Begriff von Meinung, *doxa*, könnte ähnlich wie die relevanten antiken Konzepte von Wissen aber vielleicht anders verstanden werden.[205] Mindestens einige Lesarten der So-

200 Brittain 2005.
201 *PH* 1.23–4.
202 Vogt 1998, 2010.
203 Brunschwig 1988; Vogt 2012a, Kap. 6; Grgic 2008; Fine 2011.
204 Corti 2009, Teil III; Corti 2015.
205 Siehe Vogt 2012a und Moss/Schwab 2019 zu Meinung; Burnyeat 1980c, Frede 2008 und Schwab 2016 zu Wissen.

kratischen Tradition sehen *doxa* als eine inhärent defiziente Aktivität und Haltung. Wissen dagegen ist ein epistemisches Ideal. Entsprechend mag es scheinen, dass jemand, der Wissen erlangt, in diesem Prozess *doxa* loswird. So könnte ein Philosoph in dieser Tradition argumentieren, dass wenn man z. B. weiß, was die Idee des Guten ist, man nicht gleichzeitig eine *doxa* vom Guten hat. Im Rahmen derartiger Überlegungen wird die Idee von Wissen ohne Meinung formuliert. Die Skeptiker könnten sich darauf beziehen, dass auch dogmatische Philosophen dies für möglich halten. Sie könnten also argumentieren, dass das Verstehen von Begriffen und Argumenten Wissen-ohne-Meinung involviert und dass sie diese Art von Wissen haben können, ohne damit von ihrer skeptischen Philosophie abzuweichen. Heute könnte man zusätzlich fragen, ob Skeptiker sich zu logischen Gesetzen bekennen müssen, etwa zum Prinzip des ausgeschlossenen Widerspruchs oder zu Schlussregeln. Insbesondere könnte man sich fragen, ob Skeptiker sich selbst zu der logischen Gültigkeit der Konditionale, die sie gegen Dogmatiker formulieren, bekennen müssten.[206] Sextus berichtet von keiner antiken Version dieses Vorwurfs und gibt dementsprechend keine direkte Antwort. Man könnte auch die damit verwandte Frage stellen, ob Sextus' Methode, wie sie sich insbesondere in den Fünf Modi zeigt, auf eine Weise systematisch ist, die in Spannung zur Forderung nach Urteilsenthaltung steht.[207]

206 Sorensen 2004.

207 Siehe Sienkiewicz 2021, der Sextus gegen diesen Angriff verteidigt.

(iii) Meinung

Malte Hossenfelder übersetzt *adoxastôs* in seiner Übersetzung von *PH* mit ›undogmatisch‹ (wie auch Bury in der Loeb-Übersetzung von Sextus' Werken). Wenn Sextus zufolge die Skeptiker etwa sagen: »nichts ist wahr«, tun sie dies »undogmatisch« (*PH* 1.14–15). Diese Übersetzung legt nahe, dass Sextus Dogmatismus aus dem Leben der Skeptiker verbannt. Dies würde Raum für die Sichtweise lassen, dass die Skeptiker nichtdogmatische Meinungen haben. Entgegen dieser Lesart ist argumentiert worden, dass *adoxastôs* nicht ›undogmatisch‹ heißt; es bedeute stattdessen ›nichtdoxastisch‹ oder ›ohne Meinung‹.[208] Wie bereits angemerkt wurde, besteht das skeptische Ziel darin, Seelenruhe in allen Dingen in Hinsicht auf Meinung zu erlangen – *kata doxan*. Auch dieser Hinweis scheint zu besagen, dass die Skeptiker nicht auf dogmatische Meinungen verzichten, sondern allgemeiner auf *doxa*. Skeptiker leben *adoxastôs*. Diese Beschreibung ist schwer zu interpretieren. Je nachdem, was wir unter *doxa* verstehen, kann es scheinen, dass ein Leben ohne *doxa* schlicht unmöglich ist. Eine Ausnahme mögen Weise sein, die nur Wissen-ohne-Meinung haben, dem Modell entsprechend, das vorher genannt wurde. Doch solange Skeptiker nicht generell behaupten, Wissen zu haben, scheint es fraglich, ob sie ohne Meinung auskommen können. Noch verwirrender ist, dass die Skeptiker *adoxastôs* zustimmen, wenn sie handeln.

Das jüngere Interesse an pyrrhonischer Skepsis wurde in großem Maße angeregt durch Michael Fredes Aufsatz »Des

208 Burnyeat 1980 [1997].

Skeptikers Meinungen«.[209] Frede vertritt die These, dass antike Skepsis traditionellerweise zu schnell als durch den *Apraxia*-Einwand widerlegt abgeschrieben wird, entsprechend dem Skeptiker ohne Meinungen nicht handeln können. Die Skeptiker scheinen jedoch eine selbstbewusste Haltung einzunehmen, wenn sie auf diesen Vorwurf antworten. Daher scheint es keine wohlwollende Interpretation zu sein, sich diese Antworten nicht näher anzusehen. Und da diese Antworten auf den Vorwurf, man könnte ohne Meinung nicht handeln, reagieren, sollten wir uns auf das konzentrieren, was Skeptiker zu der Rolle von Meinung in ihrem Leben sagen. Frede zitiert *PH* 1.13 und führt aus, dass wir in dieser Passage eine Unterscheidung zwischen zwei Arten von Meinungen finden:[210]

> Wir sagen, dass der Skeptiker nicht dogmatisiert, nicht in jenem Sinn von Meinung (*dogma*), in dem einige sagen, eine Meinung bestehe, allgemein gesprochen, in der Billigung einer Sache (*eudokein tini pragmati*); denn der Skeptiker gibt solchen Affektionen seine Zustimmung, die sich zwangsläufig ergeben, wenn die Dinge ihm auf eine bestimmte Weise erscheinen; er würde, z. B., nicht sagen, wenn es ihm heiß oder kalt ist, »Ich glaube, mir ist nicht heiß (bzw. kalt)«. Vielmehr sagen wir in jenem Sinn von Meinung, dass der Skeptiker nicht dogmatisiere, in dem einige sagen, eine Meinung bestehe in der Zustimmung zu einer von den nichtevidenten Sachen, welche in den Wissenschaften zum Ge-

209 Frede 1979 [1997].
210 *PH* 1.13, Übers. Frede 1979, S. 120.

genstand der Untersuchung gemacht werden; denn der Pyrrhoneer gibt seine Zustimmung zu nichts, das nichtevident ist.

Frede folgend, konzentrieren sich viele Forschende auf *PH* 1.13, wenn sie skeptische Meinung als solche diskutieren.[211] Sie halten es für offensichtlich, dass Sextus in diesem Abschnitt zwischen zwei Arten von Meinung unterscheidet, von denen er eine aus dem Leben der Skeptiker verbannt und die andere im Leben der Skeptiker zulässt. Barnes[212] prägt in diesem Zusammenhang die Unterscheidung zwischen »rustikaler« und »urbaner« Skepsis. Die rustikalen Skeptiker enthalten sich in allen Fragen einer Antwort. Die urbanen Skeptiker enthalten sich in Bezug auf wissenschaftliche Fragen, haben jedoch alltägliche Meinungen. Die Formulierung »nichtoffensichtliche Angelegenheiten, die in den Wissenschaften untersucht werden« in *PH* 1.13 mag die Interpretation, es gebe eine urbane Skepsis, stützen. Doch merkt Barnes selbst an, dass das nicht richtig sein kann. Alles kann als nichtoffensichtlich angesehen werden, selbst die Frage, ob Honig süß ist.

Gegen Barnes argumentiert Frede, dass die Unterscheidung zwischen zwei Arten von Zustimmung wesentlich ist: »eine Sichtweise zu haben beinhaltet eine Art von Zustimmung, aber eine Position vertreten, oder eine Behauptung aufstellen, involviert eine andere Art von Zustimmung, nämlich die Art von Zustimmung, derer sich der

211 Mit den bemerkenswerten Ausnahmen von Barnes 1980 [1997] und Barney 1992.

212 Barnes 1982 [1997].

Skeptiker enthalten wird«[213]. Sextus charakterisiert skeptische Zustimmung auf drei Arten. Er spricht

1. von erzwungener Zustimmung[214],
2. von unfreiwilliger Zustimmung[215] und
3. von *adoxastôs* Zustimmung[216].

Frede diskutiert nicht im Detail, wie Sextus diese Begriffe jeweils genau verwendet. Der Kern seines Vorschlags besteht darin, dass Sextus eine Art von Zustimmung erlaubt, die keine Behauptung darüber, wie Dinge tatsächlich sind, einschließt.

In (1979 [1997]) konzentriert sich Frede hauptsächlich auf die skeptische Antwort auf den *Apraxia*-Vorwurf. In (1984 [1997]) liegt sein Augenmerk auf skeptischen Äußerungen wie »nichts kann gewusst werden«. Er wendet seine Unterscheidung zwischen zwei Arten von Zustimmung, und damit einhergehend zwei Arten von Meinung, auf solche Sätze an, und führt aus, dass »den Eindruck oder Gedanken zu haben, dass p, beinhaltet nicht den weiteren Gedanken, dass es wahr ist, dass p« (133). Nach seiner Interpretation kann ein Skeptiker in diesem Sinne denken: »nichts kann gewusst werden«. Der Gedanke zählt als Meinung, aber nicht als eine Tatsachenbehauptung, dass nichts gewusst werden kann. Gegen Fredes Interpretation könnte man einwenden, dass zu meinen schlicht und einfach bedeutet, etwas für wahr zu halten, zumindest entsprechend dem

213 Frede 1984 [1997], S. 128.
214 *PH* 1.23–24.
215 *PH* 1.19.
216 *PH* 2.102.

Begriff von Meinung, den Skeptiker in ihren Diskussionen mit Dogmatikern zugrunde legen.[217] Es wird daher nicht deutlich, ob Fredes Unterscheidung wirklich zwei Arten von Meinung voneinander unterscheidet.[218] Vielleicht handelt es sich eher um eine Unterscheidung zwischen zwei verschiedenen propositionalen Haltungen, von denen eine eine Meinung ist? Wie Striker[219] anmerkt, besteht die Gefahr, dass Debatten über diese Frage rein terminologisch werden. Daher sollten wir an dieser Stelle wohl zwischen zwei Problemen unterscheiden. Es ist eine Sache, Frede in dem Punkt zu widersprechen, was wir Meinung nennen sollten. Es ist eine andere Sache, ihm abzusprechen, dass er ein bestimmtes Phänomen im Denken der Skeptiker identifiziert und charakterisiert hat. Für Frede haben Skeptiker wiederkehrende Gedanken, ohne diese als wahr zu akzeptieren. Dies scheint ein Kernelement der Skepsis zu sein: Das ist die Art, wie Skeptiker Gedanken wie »alles ist unwissbar« haben.

(iv) Die skeptischen Ausdrücke

PH 1.13, die Passage, in der Forschende eine Unterscheidung zwischen zwei Arten von Meinung zu finden meinen, ist Teil von einem Kapitel mit dem Titel »Dogmatisiert der Skeptiker?«. Eine Möglichkeit, Frede zu widersprechen, bestünde darin, zu behaupten, dass *PH* 1.13 den eigentlichen Status solcher Kerngedanken skeptischer Philosophie und

217 Vogt 2012b.
218 Burnyeat 1980 [1997].
219 Striker 2001.

nicht die Frage nach skeptischer Meinung als solcher diskutiert. Für diese Überlegung muss der restliche Text des Kapitels in Betracht gezogen werden:

> Aber er [der Skeptiker] dogmatisiert noch nicht einmal, wenn er die skeptischen Ausdrücke über nichtoffensichtliche Dinge vorbringt, wie z. B. »nicht eher dies als das« oder »ich bestimme nichts« oder einen der anderen, über die wir später reden werden. Denn jemand, der dogmatisiert, setzt die Sache als wahr, von der es heißt, dass er über sie dogmatisiere, der Skeptiker dagegen setzt diese Ausdrücke nicht als unbedingt wahr. Denn er nimmt an, dass, so wie die Formulierung »alles ist falsch« mit den anderen auch sich selbst falsch nennt (auf die gleiche Weise wie auch die Formulierung »nichts ist wahr«), auch die Formulierung »nicht eher dies als das« mit den anderen auch über sich selbst sagt, dass sie »nicht eher« sei, und sich selbst hierdurch mit den anderen auslöscht. Dasselbe sagen wir auch über die anderen skeptischen Formulierungen. Wenn also der Dogmatiker das, worüber er dogmatisiert, als wahr setzt, der Skeptiker jedoch seine Formulierungen so vorbringt, dass sie potentiell von sich selbst ausgelöscht werden, dann wird man wohl nicht sagen, dass er dogmatisiere, wenn er sie vorbringt. Das Wichtigste ist aber, dass er bei der Äußerung dieser Formulierungen nur sagt, was ihm selbst erscheint, und ohne Meinung (*adoxastôs*) von seinem eigenen Erlebnis berichtet, ohne über die äußeren Gegenstände Behauptungen aufzustellen.[220]

220 *PH* 1.14–15, Übers. Schmitt.

Sextus könnte in der Erklärung in *PH* 1.13 dafür, inwiefern Skeptiker nicht dogmatisieren, ein bestimmtes Problem vor Augen gehabt haben. Manche skeptischen Ausdrücke sehen wie dogmatische Lehrsätze aus, die wegen ihrer dogmatischen Struktur normalerweise gegen sich selbst gerichtet wurden. So sieht etwa »alle Dinge sind unbestimmt« wie ein dogmatischer Lehrsatz aus. Es gibt eine lange Geschichte von skeptischen Versuchen, zu erklären, dass solche Aussagen sich nicht selbst aushebeln.

Man kann Sextus so verstehen, dass er mehrere Lösungen für dieses Problem anbietet:[221]

In *PH* 1.15 präsentiert Sextus die folgende Idee: Skeptiker berichten nur das, was ihnen erscheint. Dementsprechend nennt Sextus Unbestimmtheit eine Affektion des Denkens (*pathos dianoias*; *PH* 1.198), ein Zustand, den die Äußerung »alle Dinge sind unbestimmt« wiedergeben soll.

Eine andere Lösung, die Sextus in *PH* 1.14–15 erwähnt, gestaltet sich etwas problematischer: Die skeptischen Ausdrücke löschen sich selbst aus. Das heißt, man kann sie äußern und etwas durch sie mitteilen. Aber dann, nachdem man etwas gesagt hat, wenden sie sich gegen sich selbst und vernichten sich – so wie Feuer zuerst entflammbare Materialien auffrisst und sich dann selbst zerstört. Diese Idee wurde durch einen anderen Vergleich, den Sextus anführt, berühmt:[222] Die skeptischen Äußerungen sind wie eine Leiter, die man hochklettert; wenn man erst einmal oben angekommen ist, kann man die Leiter wegstoßen.[223] Die

221 *PH* 1.13–15 und 1.87–209; s. Pellegrin 2010.

222 aufgegriffen von Wittgenstein 1922, 6.54.

223 *M* 8.481.

Forschung ist sich darüber uneins, ob Sextus in irgendeinem Sinne zugibt, dass diese Aussagen sich selbst widerlegen,[224] oder ob es ihm gelingt, ihre selbst-widerlegende Struktur auszuhebeln.[225]

(v) Erscheinungen (phainomena)

Im Vergleich zu der Schwierigkeit, eine klare Unterscheidung zwischen zwei Arten von Meinungen bei Sextus zu treffen, ist die Unterscheidung zwischen zwei Arten von Erscheinungen einfacher. Sextus führt aus, dass Skeptiker, wenn Dinge den Skeptikern X zu sein scheinen, nicht die Aussage bejahen, dass sie X sind. Die traditionelle Frage, ob Skeptiker Meinungen haben, könnte dahingehend umformuliert werden, ob die Art und Weise, wie Skeptikern Dinge zu sein scheinen, eine Urteils-Komponente aufweist. Vermeintlich kann »A erscheint mir jetzt X« auf verschiedene Weisen verstanden werden. Dass X mir jetzt soundso erscheint, kann ein Urteil enthalten, muss es aber nicht – die Äußerung kann auch einfach nur einen geistigen Zustand berichten.[226] Sextus besteht in einigen Formulierungen auf einen wichtigen Unterschied zwischen dem geistigen Zustand, in dem einem Skeptiker etwas soundso scheint, und einem anderen geistigen Zustand, dessen sprachliches Korrelat eine Behauptung ist. Dies legt nahe, dass für Sextus der Umstand, dass A mir jetzt gerade F zu sein scheint, nicht beinhaltet, dass ich es für wahr halte, dass A tatsächlich F ist.[227]

224 McPherran 1987.
225 Castagnoli 2010, III.14.
226 Barney 1992.
227 Vogt 2012b.

(vi) Sprache

Eine weitere Herangehensweise, die Frage zu beantworten, ob Skeptiker Meinungen haben, konzentriert sich auf die Sprache der Skeptiker. Sextus betont, dass Skeptiker Eindrücke weder akzeptieren noch ablehnen, und verknüpft das Ausbleiben solcher mentalen Akte mit der Tatsache, dass Skeptiker weder Behauptungen aufstellen noch irgendetwas verneinen.[228] Vermutlich können wir aus Sextus' Darlegung der skeptischen Äußerungen ableiten, was Sextus über die mentalen Zustände und Handlungen der Skeptiker sagen will. Das bedeutet, dass unsere Interpretation der Sprache der Skeptiker unmittelbare Folgen für unsere Theorie hat, inwiefern Skeptiker Meinungen haben.

Der Bericht, den wir in Diogenes Laertius' Werk zu pyrrhonischer Skepsis finden, ist hierfür besonders instruktiv. Entgegen der Tendenz in der heutigen Forschung zu pyrrhonischer Skepsis findet der Begriff von Meinung dort kaum Erwähnung. Stattdessen wird skeptische Haltung und Einstellung beinahe ausschließlich mit einem Fokus auf skeptische Sprache und die skeptischen Ausdrücke diskutiert.[229] Wenn wir Sextus im Lichte des Berichts in DL 9 lesen, dann kann *PH* 1.13 als eine isolierte Passage erscheinen, und das würde den Fokus der heutigen Debatte auf 1.13 fragwürdig erscheinen lassen. Auch Sextus räumt Darlegungen von skeptischen Ausdrücken und Sprachverwendung sehr viel Platz ein. Es stellt sich daher die Frage, ob

228 Z. B. *PH* 1.4, 7, 10.

229 Für eine detaillierte Besprechung der relevanten Passagen – DL 9.74–7 – siehe Corti 2015.

Forschende möglicherweise größere Aufmerksamkeit auf skeptische Sprache richten sollten, als sie es bisher getan haben. Bisher gibt es mit Corti 2009 eine Monographie zu skeptischer Sprache sowie einen Ansatz zu Meinung, der sich auf Sprache konzentriert.[230] Beide Forschende gehen Fragen weiter nach, die Barnes[231] gestellt hat, der skeptische Ausdrücke mit Bekenntnissen vergleicht. Skeptiker legen ihren inneren Zustand offen, sie verkündigen ihn oder berichten von ihm.[232] Um dies zu tun, müssen Skeptiker die Sprache gewissermaßen missbrauchen.[233]

Einige Strategien, wie Behauptungen vermieden werden können, werden mit skeptischen Ausdrücken (»Nicht-Behauptung«, »ich bestimme nichts« und so weiter) verfolgt:

(i) Skeptische Ausdrücke können als Zeichen verwendet werden, die auf einen Geisteszustand verweisen.[234]
(ii) Ausdrücke wie »*ou mallon*« (nicht mehr) und »*ouden mallon*« (auf keine Weise mehr) können, ohne voneinander unterschieden zu werden, verwendet werden und sind miteinander austauschbar.[235]
(iii) Angelehnt an alltägliche Sprache können Skeptiker elliptische Ausdrücke wie etwa »nicht mehr« für »nicht mehr dies als das« verwenden.[236]
(iv) Wir verwenden oft Fragen anstelle von Behauptungen

230 Vogt 1998.
231 Barnes 1982 [1997].
232 Fine 2003a.
233 Burnyeat 1984 [1997].
234 *PH* 1.188.
235 Ebd.
236 Ebd.

und umgekehrt. Auf ähnliche Weise kann »nicht mehr« als Frage verwendet werden: »Warum nicht mehr dies als das?«

(v) Skeptiker verwenden Sprache auf missbräuchliche und grammatikalisch unpräzise Weise.[237]

In *M* 1 und *M* 2 führt Sextus aus, dass Skeptiker den üblichen Gepflogenheiten für die Verwendung von Sprache folgen.[238] Dies scheint der Schlüssel zu sein, um skeptische Sprechweise zu verstehen: Skeptiker nutzen verschiedene Weisen aus, wie kompetente Sprecher im alltäglichen Gebrauch von grammatikalisch korrekter Sprache abweichen, aber immer noch verstanden werden. Skeptiker verwenden nicht nur skeptische Ausdrücke und führen philosophische Untersuchungen durch, die in dem Sinne dialektisch sind, als dass sie auf Thesen und Argumente anderer Philosophen reagieren. Skeptiker müssen auch in der Lage sein, in alltäglichen Kontexten zu sprechen. Diese Kontexte machen deutlich, wie skeptische Äußerungen darauf zugeschnitten sind, einen Geisteszustand zu offenbaren, in dem nichts behauptet oder zurückgewiesen ist. Sextus lässt äußerste Sorgfalt walten, wenn er seine Beispiele von skeptischen Äußerungen nach dem folgenden Schema konstruiert: »X scheint mir jetzt gerade F«. Diese Äußerungen werden von anderen vermeintlich als eine elliptische Version von »X scheint mir jetzt gerade F *zu sein*« aufgefasst. Doch vermeidet Sextus konsequent die Verwendung von »zu sein«.[239]

237 *PH* 1.191.
238 *M* 1.172, 193, 206, 218, 229, 233; *M* 2.52–3, 58–9.
239 Vogt 1998; für die Ansicht, dass »X scheint F« eine Referenz auf externe Gegenstände vermeidet, siehe Everson 1991.

Die spezielle Form von skeptischen Äußerungen legt nahe, dass Sextus einen relevanten Unterschied zwischen »x scheint mir jetzt gerade F zu sein« und »x scheint mir jetzt gerade F« sieht. Die erste Formulierung mag eine Referenz auf eine Tatsache sowie eine epistemische Verwendung von »scheinen« im Sinne von »ich nehme an, dass p« einschließen. Doch das wäre eine Behauptung; die Skeptiker würden sagen, dass ihnen etwas der Fall zu sein scheint. Das ist es aber genau, was Skeptiker vermeintlich vermeiden. Entsprechend müssten die elliptischen Äußerungen der Skeptiker über das, was ihnen scheint, rein phänomenologisch verstanden werden. Sie zielen darauf ab, einen mentalen Zustand der Skeptiker wiederzugeben, ohne dabei irgendein Urteil auszudrücken.[240]

Sprache kann auch als eine Aktivität bzw. als Teil der skeptischen Art zu leben gesehen werden. Das könnte bedeuten, dass die Frage, wie Skeptiker sprechen können, der Frage untergeordnet ist, wie Skeptiker handeln können. Skeptische Äußerungen sind mit Wittgenstein'schen »Bekenntnissen« verglichen worden, die man als eine Art von Sprechakt verstehen kann, der konsistent mit der skeptischen Vermeidung von Meinung ist.[241] Zudem erschöpft sich skeptische Sprache nicht allein im Sprechen. Skeptiker müssen plausiblerweise auch verstehen, was andere sagen. Eine überzeugende Rekonstruktion skeptischer Sprache muss daher sowohl Sprechen als auch Verstehen erklären.[242]

240 Burnyeat 1984 [1997]; Annas-Barnes 1985, S. 23 f.; für eine Beurteilung dieser Strategien von der Warte zeitgenössischer Sprachphilosophie, siehe Pagin 2020.

241 Corti 2009, Teile 1 und 2.

242 Ebd., Teil 3.

(vii) Handlung

Sextus führt aus, dass für Skeptiker Erscheinungen (*phainomena*) das praktische Kriterium sind.[243] Indem sie sich an Erscheinungen orientieren, entgehen Skeptiker der Inaktivität (*anenergêsia*). Es ist wichtig, darauf hinzuweisen, dass Sextus skeptische Handlungen nicht im Sinne einer dogmatischen Handlungstheorie beschreibt, der zufolge Handlung Meinung und Entscheidung einschließt.[244] Anders als akademische Skeptiker verstehen sich Sextus' Skeptiker nicht als rationale Akteure, die eine Handlung einer anderen aufgrund von Überlegung vorziehen. Sextus beansprucht für Skeptiker ein aktives Leben. Dies involviert kognitive Aktivität, nämlich insofern den Skeptikern etwas scheint und sie sich davon leiten lassen. Es involviert jedoch keine rationalen Standards etwa dazu, was mehr oder weniger überzeugend ist oder welche Handlung sich besser begründen lässt.[245] Diese Haltung wird seit langer Zeit kritisch diskutiert, sei es in Hinsicht auf ihre ethischen[246] und politischen Konsequenzen[247] oder in Hinsicht auf die Beziehung der Skeptiker zum Gesetz.[248]

Die erzwungene Zustimmung der Skeptiker findet im Kontext von Tätigkeiten statt.[249] So macht Durst Zustimmung notwendig, und das heißt, dass er Skeptiker dazu be-

243 *PH* 1.23–24.
244 Siehe *M* 11.162–166.
245 Vogt 2010; Schwab 2020.
246 Bett 2019.
247 Barchand 2015.
248 Marchant 2021.
249 *PH* 1.13, 19, 29–30, 193, 237–8.

wegt, zu trinken. Diese Art von Zustimmung mag gänzlich anders sein als irgendeine Art von Meinungsbildung. Die erzwungene Zustimmung stellt gewissermaßen die Betätigung her. Doch wie können komplexere Aktivitäten wie etwa die Einnahme von Medikamenten oder der Besuch eines Festivals verstanden werden? Sextus argumentiert, dass Skeptiker sich an Sitten, Konventionen und Traditionen halten, um das zu tun, für das sie ausgebildet wurden. In seiner Erklärung, wie die Orientierung an Erscheinungen die Skeptiker in diesen Bereichen in die Lage versetzt, tätig zu sein, nennt er die Rolle der Zustimmung nicht. Und doch erwähnt Sextus in ähnlichen Kontexten abgeschwächte Formen der Zustimmung. In *PH* 2.102 führt er aus, dass Skeptiker auf nichtdoxastische Weise (*adoxastôs*) solchen Dingen zustimmen, auf die wir uns im gewöhnlichen Leben verlassen. In *PH* 1.19 spricht er von unfreiwilliger Zustimmung. Dieser Lesart zufolge würden nicht nur Handlungen wie zu trinken, wenn man durstig ist, sondern auch komplexere Handlungen eine Art von Zustimmung erfordern, die allerdings durch die Qualifikation »nichtdoxastisch« bzw. »unfreiwillig« von der regulären Zustimmung des Urteilens unterschieden ist.

Wie würden die dogmatischen Kontrahenten der Skeptiker auf diese Darstellung reagieren? Aus Sicht der Stoiker stellt der Begriff der nichtdoxastischen Zustimmung einen Widerspruch dar, ähnlich wie die Begriffe von erzwungener und unfreiwilliger Zustimmung. Zustimmung ist als eine Bewegung der Seele definiert, die unter unserer Kontrolle steht. Wenngleich die Details strittig sind, und wenngleich die Stoiker annehmen, dass Vorstellungen unsere Seele in Richtung Zustimmung bewegen können, argumentieren sie doch nachdrücklich, dass die Zustimmung in unserer Macht ist. Indem Sextus dagegen skeptische Zustimmung als nichtdoxastisch und unfreiwillig beschreibt, nimmt er ihr gewissermaßen etwas weg, was sie den Dogmatikern zufolge definiert.

(viii) Logik, Physik, Ethik und die »Spezialwissenschaften«

Die speziellen Argumente der Skeptiker wenden sich gegen bestimmte Theorien in den drei Disziplinen hellenistischer Philosophie: Logik, Physik und Ethik. Zudem wenden sie sich auch gegen die sogenannten Spezialwissenschaften, nämlich Grammatik, Rhetorik, Geometrie, Arithmetik, Astrologie und Musiktheorie. Sextus' Ausführungen zur Logik sind in Abschnitte zu den beiden Hauptthemen Zeichen und Kriterium unterteilt.[250] Diese Struktur bildet zentrale Belange sowohl von hellenistischer Erkenntnistheorie als auch von antiker Skepsis ab. Ein Skeptiker interessiert sich für die Frage, ob es einen »Entscheider« zwischen einander widersprechenden Erscheinungen und Gedanken gibt. Ein Entscheider könnte etwas Offensichtliches bzw. Evidentes sein. Dogmatische Philosophen assoziieren das Offensichtliche mit dem Wahrheitskriterium. So erklären die Epikureer etwa Sinneswahrnehmungen zum Kriterium; Theorien über das Verborgene bzw. Nichtevidente müssen daran gemessen werden, ob sie mit dem sinnlich Wahrnehmbaren im Einklang stehen. Damit etwas als Wahrheitskriterium taugt, darf es nicht ebenso kontrovers sein wie das, bei dem es helfen soll, zu entscheiden, ob es so

250 Siehe Bett 2005 zu Zeichen.

ist oder anders. Um das epikureische Beispiel weiter zu verwenden: dass wir sinnlich wahrnehmen, dass es Körper gibt, ist unbestritten, während die These, dass es Atome gibt, über Nichtevidentes spricht und strittig ist. Nun zur anderen Option, die Sextus diskutiert. Statt zu behaupten, dass etwas Offensichtliches das Kriterium und damit der Entscheider ist, können Dogmatiker auch argumentieren, dass etwas Nichtoffensichtliches, Verborgenes die Rolle des Entscheiders übernimmt. Hierfür müsste das Nichtoffensichtliche auf schlüssige Weise durch ein Zeichen oder einen Beweis gezeigt werden, so die Skeptiker. Sollte es keine überzeugende Theorie des Wahrheitskriteriums und keine überzeugenden Erklärungen von Zeichen und Beweis geben, dann würde es *nichts* geben, das zwischen einander widerstreitenden Sichtweisen entscheiden kann – denn die Unterscheidung zwischen dem Offenkundigen und dem Verborgenen ist, aus Sicht der Dogmatiker, auf die Sextus sich dialektisch beziehen kann, ausschließend, das heißt, sie lässt keine weiteren Optionen zu. Sextus' Erörterungen von Logik stellen daher nicht einfach eine Ansammlung von einzelnen Argumenten gegen verschiedene dogmatische Theorien dar. Vielmehr zeichnen sie einen Weg zur Skepsis vor. In diesem Sinne argumentiert Vlasits,[251] dass Sextus' Behandlung von Logik in *PH* 2 eine zusammenhängende Diskussion darstellt. Sextus' Argument ist so strukturiert, dass es zu Urteilsenthaltung in Bezug auf die Methodologien der Dogmatiker führt. Der letzte Abschnitt von *M* 8 (463–81) formuliert eine Herausforderung für die Skeptiker, die die Forschung an selbstwiderlegende Argu-

251 Vlasits 2020b.

mente hat:[252] Versuchen die Skeptiker zu beweisen, dass es Beweise nicht gibt?[253]

Sextus' Erörterungen von Ethik konzentrieren sich ebenfalls auf Themen, die plausiblerweise zu Skepsis führen. Auch hier gibt es zwei zentrale Fragen:

1) Gibt es irgendetwas, das von Natur aus gut oder schlecht ist?
2) Gibt es eine Lebenskunst,[254] wie die Epikureer und Stoiker behaupten?

Gesetzt den Fall, dass wir uns darauf einigen könnten, was gut und was schlecht ist, wären einige der beunruhigendsten Anomalien aufgelöst. Gäbe es eine Lebenskunst, könnte man lehren, wie man das Gute erlangt und das Schlechte vermeidet. In beiden Fällen wären Fragen gelöst, die zu großer Verunsicherung geführt haben. Sextus' Diskussionen ethischer Fragen sind auch deshalb berühmt geworden, weil er den Stoikern extreme und schockierende Sichtweisen zuschreibt. In Sextus' Darstellung führt der Kontrast zwischen »gewöhnlichem Leben« und philosophischen Sichtweisen zur Urteilsenthaltung.[255]

In der modernen Tradition haben sich mehrere Philosophen, unter anderem Hegel und Nietzsche, mit Aspekten von Sextus' Auffassung, insbesondere mit der skeptischen Orientierung am gewöhnlichen Leben, auseinanderge-

252 Castagnoli 2010.
253 Sienkiewicz, im Erscheinen.
254 Bett 2010, 2011 und 2019.
255 Vogt 2008a, Kap. 1.

setzt.[256] Heute interessieren sich viele Forschende für die Frage, wie ethisch ein Skeptiker sein kann,[257] wenn man bedenkt, dass Urteilsenthaltung in Bezug auf wichtige ethische Schwierigkeiten fahrlässig zu sein scheint. Doch hebt die Forschung auch hervor, dass einige Dimensionen ethischen Denkens lange Zeit unhinterfragt geblieben sind. Hier mag Urteilsenthaltung sogar innovativ anmuten.[258]

Das Buch zu Physik diskutiert Gott, Ursachen, Materie, Körper, Mischung, Bewegung, Abnehmen und Zunehmen, Subtraktion und Addition, Ganzes und Teile, Veränderung, Entstehen und Vergehen, Ruhe, Ort, Zeit und Zahl. Bemerkenswerterweise wird das Thema Gott in der Physik verortet. Dies steht in auffälligem Kontrast mit mittelalterlichen und frühneuzeitlichen Diskussionen, in denen die Suche nach Wissen von Gott oft den Rahmen und die Motivation für eine Auseinandersetzung mit Skepsis darstellt.

In *PH* 3 stellt Sextus seiner Diskussion von Argumenten für und gegen die Existenz von Göttern eine Bemerkung voran, die nicht leicht zu interpretieren ist. Das gewöhnliche Leben von Skeptikern ohne Meinungen (*adoxastôs*) beinhalte das Folgende: Skeptiker sagen, dass es Götter gebe, sie sich entsprechend fromm gegenüber den Göttern verhalten und sagen, dass die Götter vorausschauend sind. In der Forschung wird diskutiert, wie sich dies zum einen zu Sextus' Diskussionen von Theologie als Thema in der Physik[259] und

256 Berry 2010 und 2020; Bett 2020a.
257 Bett 2019.
258 Olfert, im Erscheinen.
259 *PH* 3.2–12, *M* 9.11–194.

zum anderen zu seinem Porträt des gewöhnlichen Lebens der Skeptiker in *PH* 1 verhält.[260]

Skeptiker enthalten sich in allen zentralen Fragen antiker Physik eines Urteils.[261] Sie enthalten sich eines Urteils darüber, ob es Ursachen, Zeit, Ort und Körper gibt.[262] Ihre Urteilsenthaltung bedeutet nicht nur, dass sie etwa noch keine befriedigende Theorie über Körper gefunden haben. Zudem signalisiert die Urteilsenthaltung, dass sie sich selbst außerstande sehen, zu sagen, ob es Körper gibt.[263] (Zu der kumulativen Kraft dieser Argumente, siehe Abschnitt 5.4.)

Die sechs Bücher mit dem Titel *Gegen die in den Spezialwissenschaften* (*M* 1–6) haben üblicherweise weniger Aufmerksamkeit auf sich gezogen. Erst in den letzten Jahren haben Forschende damit begonnen, sie mit dem gleichen philosophischen Aufwand zu untersuchen, der ansonsten in der Auseinandersetzung mit antiker Skepsis in den letzten Jahrzehnten angewendet worden ist. *M* 1–6 untersucht auf skeptische Weise die sechs Disziplinen Grammatik, Rhetorik, Geometrie, Arithmetik, Astronomie und Musiktheorie. Sextus beginnt mit einem überraschenden Schachzug. Für gewöhnlich betont er, wie weit Skeptiker und Dogmatiker voneinander entfernt sind, doch nun räumt er ein, dass Pyrrhoneer und Epikureer vieles miteinander gemeinsam haben, wenn sie die üblichen Spezialwissenschaften als nutzlos bezeichnen.[264] Allgemein gesagt könn-

260 Annas 2011, Veres 2020a.
261 Bett 2012.
262 Siehe Bobzien 2015 und Warren 2015.
263 Burnyeat 1997.
264 *M* 1.1–7; siehe Thorsrud 2019.

te ein stärkerer Fokus auf *M* 1–6 zusätzliche Gründe dafür liefern, die traditionelle Annahme, dass die Stoiker Sextus' wichtigste dogmatische Gesprächspartner sind, zu modifizieren. In *M* 1–6 ist durchweg eine Auseinandersetzung mit epikureischer Philosophie sichtbar.[265] Sextus' Ansatz wird möglicherweise so grundlegend von seiner Auseinandersetzung mit Epikureismus geprägt, dass beide Schulen – Stoiker und Epikureer – als wesentliche Bezugspunkte und Gesprächspartner der Skeptiker angesehen werden sollten.

Im Anschluss an seine Bemerkung, dass sich sowohl Pyrrhoneer als auch Epikureer an der vermeintlichen Nützlichkeit der Spezialwissenschaften stören, stellt Sextus allgemeiner gefasste Argumente vor, die für die skeptische Untersuchung einer jeden Disziplin geeignet sind. Er führt aus, dass es für die Existenz einer Spezialwissenschaft etwas, das unterrichtet wird, und auch einen Lehrer, einen Lernenden und ein Mittel des Lernens geben müsse. Sollte es sich herausstellen, dass eines dieser Dinge nicht existiert, dann existiert auch die Spezialwissenschaft nicht. So scheint Sextus für die Nichtexistenz der Spezialwissenschaften[266] zu argumentieren. Bereits im allerersten Satz von *M* 1 beschreibt Sextus seine eigene Methode als ein Vorbringen von Gegenargumenten, eine Strategie, die er im Laufe von *M* 1–6 wiederholt erwähnt.

Dies führt zu einer strittigen Frage bezüglich *M* 1–6. Handelt es sich bei diesen Büchern um negativen Dogmatismus? Oder entsprechen sie dem Ansatz in *PH* 1–3, entsprechend dem skeptische Argumente als Weg zur Urteils-

265 Bett 2018, »Introduction«.
266 *M* 1.9.

enthaltung beschrieben werden? Bett[267] argumentiert dafür, dass Sextus' Vorgehensweise (bis auf wenige Ausnahmen) wie folgt beschrieben werden kann: Sextus präsentiert seine Gegenargumente vor dem Hintergrund der Annahme, dass die dogmatischen Argumente bereits bekannt sind. Damit es auf beiden Seiten gleichermaßen überzeugende Argumente gibt, müssen jedoch nur die Argumente *gegen* die dogmatischen Positionen entwickelt werden. Das Ziel besteht darin, dass die einander gegenüberstehenden Argumente – die auf der dogmatischen Seite vorausgesetzt und auf der skeptischen Seite formuliert werden – zusammengenommen zur Urteilsenthaltung führen. Gleichwohl merkt Bett an, dass die bemerkenswerte Betonung von Gegenargumenten, Nichtexistenz und Nutzlosigkeit nahelegt, dass einiges Material in *M* 1–6 auf eine frühe Phase des Pyrrhonismus zurückzuführen ist.

Für vier der sechs Disziplinen – nämlich Grammatik, Rhetorik, Musik und Astrologie – räumt Sextus nichttechnischen Versionen eine Rolle im Leben der Skeptiker ein. Alle theoretischen Behauptungen innerhalb dieser Disziplinen unterzieht er dagegen der skeptischen Untersuchung. So unterscheidet er zwischen der gewöhnlichen Fähigkeit des Lesens und Schreibens auf der einen Seite und der Grammatik als technischer Disziplin auf der anderen Seite, oder der Fähigkeit, ein Instrument zu spielen, einerseits und Musiktheorie andererseits.[268]

267 Bett 2018, »Introduction«.

268 Siehe Corti 2015b zu der Frage, warum diese Unterscheidung nicht auch in den Büchern zu Arithmetik und Geometrie getroffen wird, Corti 2015c zu Sextus' Angriff auf das platonisch-pythagoreische Konzept von Zwei, und Corti im Erscheinen.

Es ist bemerkenswert, dass Sextus zwar Astrologie, aber nicht Astronomie als theoretische Disziplin versteht. Letztere würde sich gut in eine traditionelle Sequenz einfügen: Abgesehen von der Tatsache, dass Sextus Logik als einen Teil von Philosophie versteht und nicht als ein eigenständiges Fach, würden die sechs Disziplinen ansonsten mit dem sogenannten Trivium von Grammatik, Logik und Rhetorik und dem Quadrivium aus Arithmetik, Geometrie, Astronomie und Musiktheorie korrespondieren.

Sextus' Fokus auf Astrologie statt auf Astronomie hängt mit einer wesentlichen Dimension seiner Philosophie zusammen.[269] Astronomie befasst sich aus Sextus' Perspektive mit Erscheinungen; und daher haben die Skeptiker in einem bestimmten Sinne nichts an ihr auszusetzen. Astronomie ist sozusagen die »Version« von Astrologie, die Skeptiker in ihre Befolgung gewöhnlicher Lebensweisen einbinden können.[270] Vermeintlich befasst sich Astronomie mit der Vorhersage von Dingen wie Dürren, Überschwemmungen, Erdbeben und Plagen auf der Grundlage von Erscheinungen. Astrologie dagegen befasst sich mit Dingen, die äußerst obskur sind.

269 Corti 2015, Bett 2018.
270 *M* 5.1–3.

5. Antike und Moderne Skepsis: Übergänge

5.1 Augustinus: Ein Neu-Denken von Skepsis innerhalb eines theologischen Rahmens

In der Geschichte der Philosophie wurde manchmal die These vertreten, dass Henri Etiennes Wiederentdeckung von Sextus im Jahr 1562 eine neue Ära des Interesses an Erkenntnistheorie eingeleitet habe. Die frühneuzeitliche Auseinandersetzung mit Skepsis wird hier als eine Hinwendung zu Argumenten bei Sextus verstanden.[271] Frühneuzeitliche und neuzeitliche Philosophen scheinen sich, durch die Lektüre von Cicero, auch mit akademischer Skepsis beschäftigt zu haben.[272] Insbesondere der Beginn von Descartes' Meditationen mag sokratischen Anklang haben: Descartes verpflichtet sich selbst dazu, alle eigenen Meinungen in Frage zu stellen.

Doch denken frühneuzeitliche Philosophen in einem theologischen Kontext, der von Augustinus (354–430) geprägt ist.[273] Ein großer Teil von Augustinus' früher Ausbildung bestand im Studium von Ciceros Schriften. Daher kannte er sich mit akademischer Skepsis bestens aus; Cicero selbst verstand sich als akademischer Skeptiker. Augusti-

271 Annas-Barnes 1985, S. 5–7; Bailey 2002, S. 1–20.

272 Für eine Analyse von akademischer Skepsis in Hume und Kant siehe González Quintero 2022.

273 Siehe Menn 1998 und Lagerlund 2009; zu der Geschichte von mittelalterlicher Skepsis siehe Lagerlund 2009; siehe Carriero 2009 zu Descartes' Auseinandersetzung mit Thomas von Aquin; für eine Analyse der Transformation von Skepsis, die sich unmittelbar Descartes zuwendet, siehe Williams 2010.

nus ist die Kraft von antiken skeptischen Strategien bewusst. Auch wenn er selbst nicht zum Skeptiker wird, integriert er skeptische Ideen in seine eigene Philosophie. Das hat einen langanhaltenden Effekt auf die Geschichte von Theologie und Wissenschaft. So kann etwa Galileo Galilei auf Augustinus verweisen, wenn er sich gegen den Vorwurf verteidigt, dass seine Physik der Bibel widerspreche.[274] Augustinus führt Argumente an, mit denen er argumentiert, man solle unvoreingenommen sein. Sowohl unsere physikalischen Theorien als auch unsere Interpretation der Bibel werden sich wahrscheinlich weiterentwickeln.

Diese Idee spielt eine prominente Rolle im Pyrrhonismus. Erfahrung aus der Vergangenheit zeigt, dass in Bezug auf ein jedes Thema irgendwann ein neues Argument vorgebracht wurde. Dementsprechend erwarten Skeptiker, dass selbst dann, wenn sie momentan keinen Einwand gegen eine bestimmte Behauptung finden können, in der Zukunft eine anderslautende Sicht formuliert werden kann.

Solche skeptischen Tendenzen werden bei Augustinus aber letzten Endes in eine nichtskeptische Philosophie integriert. In *Contra Academicos* benennt Augustinus ein Wesensmerkmal von antiker Skepsis, nämlich die Selbstverpflichtung zu immer weiter geführtem Suchen.[275] Für ihn ist die Frage von großer Bedeutung, ob ein dem Suchen gewidmetes Leben attraktiv ist, obwohl es dem Anschein nach keine Aussicht auf Wahrheit gibt.[276] Besonders als ei-

274 *Letter to the Grand Duchess*, in: Drake 1957.
275 Siehe Nawar 2019 zu Augustinus' Verteidigung von Wissen gegen die Skeptiker in *Contra Academicos* 3.
276 Siehe Lagerlund 2009.

ne Philosophie des Suchens leistet die Skepsis einen dauerhaften Beitrag zur Ethik.[277]

Augustinus erschafft den Rahmen, der charakteristisch wird für frühneuzeitliche Diskussionen. Erstens werden in seinen Werken skeptische Argumente untersucht, um sie zu widerlegen. Zweitens lautet für ihn die Kernfrage, ob wir Wissen haben, nicht, ob wir irgendetwas für wahr halten sollten. Der Grund, warum Augustinus Wissen für so wichtig hält, liegt in der drängenden Frage, ob wir von Gott wissen können: ob wir wissen können, dass er existiert und was seine Eigenschaften sind. Darin mag auch der Grund liegen, warum Wissen durch Zeugnisse wichtig wird.[278] Man kann die Bibel, oder Teile der Bibel, als Zeugnisse Gottes und dementsprechend als einen möglichen Weg verstehen, Wissen über Gott zu erlangen.

Drittens führt die Frage, ob wir Wissen von Gott erlangen können, zu einer Unterscheidung zwischen verschiedenen Arten von Wissen, etwa Wissen durch Sinneswahrnehmung, durch rationales Denken, oder durch Zeugnisse. Wenn wir Gott kennen, dann tun wir dies aufgrund einer dieser Arten von Wissen.

Dies wird zu einem charakteristischen Zug in Diskussionen über Skepsis. Philosophen gehen relevante Kandidaten von Wissen durch und untersuchen sie. Sowohl bei Augustinus als auch bei späteren Autoren wird auch mathematisches Wissen untersucht und mit anderen Formen von Wissen verglichen.[279] Dies steht im Kontrast zu früheren

277 Vogt 2017.
278 *De Trinitate*, 15.12; in: Schoedinger 1996.
279 Nawar 2022.

Diskussionen: Obwohl Sextus über Geometrie und Arithmetik geschrieben hat, prägen Fragen über Wissen in Mathematik hellenistische Debatten zwischen Skeptikern und ihren dogmatischen Gegnern, den Stoikern und Epikureern, nicht.

Viertens denkt Augustinus über etwas nach, das er als »inneres Wissen« bezeichnet. Er stellt sich folgendes skeptisches Szenario vor: Angenommen, wir haben kein Wissen durch Sinneswahrnehmungen, kein rationales Wissen und kein Wissen aus Zeugnissen. Dann wissen wir trotzdem immer noch, dass wir denken, lieben, urteilen, leben und existieren.[280] In *Vom Gottesstaat* 11.26 formuliert Augustinus seinen berühmten Ausspruch »si enim fallor, sum« (›selbst wenn ich irre, bin ich‹). Augustinus schlägt damit vor, dass wir Wissen von unseren mentalen Akten haben.[281] Doch versteht er dieses Wissen von eigenen mentalen Zuständen nicht als fundamental. Wenn er in seiner Diskussion der akademischen Skepsis auf das Wissen von unseren mentalen Zuständen verweist, baut er nicht systematisch auf diesem Wissen auf, um die Skepsis zu widerlegen. Stattdessen weist er die Skepsis zurück, indem er ausführt, dass Gott uns und die Dinge, die wir wissen, geschaffen hat; Gott wolle, dass wir diese Dinge wissen.[282]

In der Erkenntnistheorie späterer Zeiten wird aus der Idee, sich auf den eigenen Geist und einen introspektiven Zugang zu den eigenen mentalen Zuständen zu besinnen,

280 *De Trinitate* 15.12.
281 Siehe Nawar 2022 zu Augustinus' Interesse an Selbstwissen.
282 *De Trinitate* 15.12.

eine verweltlichte, säkulare Idee. Augustinus stellt in der Philosophie des Geistes eine Figur des Übergangs dar, die die Skepsis auf eine neue Weise denkt. Durch die Konzentration auf reflexives Denken scheint eine Lücke zwischen Geistigem und der Außenwelt zu entstehen. Damit öffnet seine Diskussion der Außenweltskepsis Tür und Tor.[283] Dabei geht es Augustinus aber letztendlich nicht allein um unsere mentalen Zustände und deren Relation zur Welt. Ihm ist der Weg zu Gott wichtig; der Verstand wendet sich zu sich selbst und bewegt sich von dort aus weiter hin zu Gott.[284]

Ähnlich wie Augustinus spielt Al-Ghazali (1085–1111) eine wichtige Rolle dabei, die Fragen, die für die Skepsis relevant sind, neu zu verstehen.[285] In *Der Erretter aus dem Irrtum* beschreibt Al-Ghazali Gott wortwörtlich als den Retter vor Irrtum.[286] Wie vor ihm Augustinus und Descartes nach ihm, geht Al-Ghazali verschiedene kognitive Vermögen durch. Erlauben es unsere Sinne oder die Vernunft, Wissen zu erlangen? Die Untersuchung dieser Fragen bettet er in die Suche nach dem Wissen von Gott ein. Während Augustinus der Meinung ist, dass Wissen von Gott durch eine Kombination aus unserer Suche nach Gott und Gottes Gnade zustande kommt, denkt Al-Ghazali, dass das Wissen von Gott uns durch spirituelle Übungen zuteilwird. Wenn sichergestellt ist, dass wir auf Gott vertrauen können, ist für ihn auch Vertrauen in alltägliche For-

283 Vogt 2014a.
284 Z. B. *Bekenntnisse* 7.17,23.
285 Menn 2003, Kukkonen 2009.
286 In: Khalidi 2005.

men, Wissen zu erlangen – also etwa Sinneswahrnehmung oder rationales Denken –, wiederhergestellt.[287]

Ein wesentlicher Unterschied zwischen antiker und mittelalterlicher sowie cartesischer Skepsis besteht darin, dass Erstere nicht theologisch motiviert ist. Es ist bemerkenswert, dass in cartesianischer Skepsis Gott nicht nur zur Widerlegung von Skepsis angeführt wird, sondern dass skeptische Probleme auf eine Weise entstehen, die sich auf Gott als Schöpfer beziehen. Unsere kognitiven Fähigkeiten werden als geschaffene Fähigkeiten und die Welt als eine geschaffene Welt verstanden. Eine Art von »Fähigkeiten-Skepsis« interessiert sich dafür, ob unsere kognitiven Fähigkeiten so geschaffen sind, dass wir uns irren, und schnell steht die Frage nach einer möglichen Lücke zwischen unserem Geist und der Außenwelt im Raum. Vielleicht hat Gott uns so geschaffen, dass wir in Bezug auf alles fundamental falsch liegen (oder, wie spätere weltliche Versionen es ausdrücken werden: Vielleicht stellt ein »verrückter Wissenschaftler« Experimente mit einem »Gehirn im Tank« an?).

Die theologischen Prämissen, wie wir sie in frühneuzeitlicher Skepsis finden, sind den antiken Debatten nicht nur fremd; sie wären den antiken Philosophen, die skeptische Argumente diskutieren, als fehlgeleitet vorgekommen. Aus hellenistischer Perspektive ist die Theologie ein Teil der Physik. Eine Erklärung von Gott ist Teil der Erklärung der natürlichen Welt; entsprechend mögen uns hellenistische Begriffe von Gott nicht als ›theologisch‹ im Sinne späterer Theologien erscheinen. Menschen und ihre kognitiven Fä-

287 Für eine detaillierte Diskussion von Skepsis im klassischen Islam siehe Heck 2014.

higkeiten sind natürliche Teile einer natürlichen Welt. Sie sind organische und funktionale Teile, die mit anderen Teilen des großen Ganzen, des Universums, verknüpft sind. Eine Geist-Welt-Lücke im Sinne der cartesianischen Tradition ist für die hellenistische Philosophie unvorstellbar.

5.2 Skepsis über Induktion

Zeitgenössische Diskussionen übernahmen einige der klassischen Probleme frühneuzeitlicher Philosophie. Unter ihnen sind besonders prominent die Probleme der Außenweltskepsis, Skepsis über das Innenleben anderer Menschen sowie über Induktion. Wollen wir beurteilen, was die antike Skepsis ausmacht, können wir daher fragen, ob antike Denker diese Probleme ebenfalls gesehen haben.

Unter den skeptischen Problemen moderner Philosophie nimmt die Frage nach der Skepsis über Induktion eine besondere Rolle ein. Ihre frühe Formulierung bei Hume hängt nicht von der Idee ab, ob unsere Fähigkeiten von Gott erschaffen wurden, der auch die Welt erschaffen hat. Hume sieht sich in einer Konversation mit pyrrhonischer Skepsis.[288] Induktion schließt von einzelnen Beobachtungen auf eine generelle Konklusion. Ein skeptischer Ansatz in Bezug auf Induktion weist darauf hin, dass unabhängig davon, wie viele Einzeldinge beobachtet werden, die generelle Behauptung auch das miteinschließt, was nicht beobachtet wurde. In dieser Hinsicht scheint jeder Schluss ungerechtfertigt, und wir sollten uns besser jedes Urteils enthalten.

288 Ainslie 2003.

Induktives Denken kann sowohl die Zuschreibung von Eigenschaften zu einer Entität als auch Behauptungen über Kausalität betreffen. Im zweiten Fall bemerken Skeptiker, dass das, was einem Ereignis regelmäßig vorangeht, nicht dessen Ursache sein muss. Vielleicht können wir aus dem Fakt, dass gewisse Eigenschaften oder Ereignisse regelmäßig gemeinsam auftreten, gar nichts schließen.[289]

Überlegungen zu skeptischen Ansätzen in Bezug auf Induktion finden sich bereits in verschiedenen Aspekten von Sextus' Philosophie. Dafür sprechen einige Gründe:

1. Sextus stellt sich in der Medizin auf die Seite antirationalistischer Tendenzen. Entsprechend diesen Schulen erinnern sich Ärzte, dass in früheren Fällen Symptom A durch Verabreichung des Medikamentes B gelindert wurde. Sie schließen aber nicht, dass Medikament B das Symptom A behebt oder dass Krankheit C die Ursache des Symptoms A ist.
2. Die Fünf Modi zielen nicht ausschließlich auf den Begriff des Beweises ab. Sie erstrecken sich auf all das, was anderem Glaubwürdigkeit verleihen soll. Sie können daher auch Zeichen, die als indikativ für ihre Ursachen gelten, in Frage stellen. Sextus' Skeptiker akzeptieren solche Zeichen nicht.
3. Sextus diskutiert die Rolle von »miterinnernden« Zeichen im Leben der Skeptiker.[290] So ist eine Narbe ein miterinnerndes Zeichen für eine Wunde. Beide wurden

289 Vlasits 2020a; für ein verwandtes Argument in Al-Ghazali, siehe Kukkonen 2009.

290 *PH* 2.100–102; Allen 2001.

in der Vergangenheit gemeinsam beobachtet. Skeptiker werden an eine Wunde denken, wenn sie eine Narbe sehen. Doch stellen sie keine kausalen oder erklärenden bzw. explanatorischen Behauptungen auf.

4. Sextus berichtet von einem Set von Kausalen Modi,[291] die speziell kausale Erklärungen auszuhebeln suchen.[292] Er schreibt ihnen nicht die gleiche Relevanz zu wie den Zehn Modi und den Fünf Modi. Tatsächlich bringt er sogar vor, dass die Fünf Modi die Aufgabe der Kausalen Modi mitübernehmen können, also kausale und explanatorische Thesen und Theorien in Frage zu stellen. Doch geben die Kausalen Modi im Detail vor, wie Skeptiker eine jede Art von kausaler These oder Theorie untersuchen können.

5.3 Subjektivität und die mentalen Zustände anderer

Die Unterscheidung zwischen Subjektivität und Objektivität ist für moderne Diskussionen von Skepsis zentral. In antiken Diskussionen finden wir diese Begrifflichkeiten nicht. Das bedeutet jedoch nicht, dass antike Philosophen nicht über Fragen nachgedacht hätten, die für diese Unterscheidung relevant sind. Man kann sagen, dass Pyrrhonismus sich die Affektionen des Verstandes in einer Form vorgestellt hat, die spätere Überlegungen über Subjektivität vorwegnehmen.[293] Sextus beschreibt jene mentalen Zu-

291 *PH* 1.180–86.

292 Corti 2014; zu der Beziehung zwischen den Kausalen Modi und Hume siehe Garrett 2020.

293 Fine 2003a und 2003b.

stände der Skeptiker, in denen Skeptiker Erscheinungen haben, als Affektionen des Verstandes. Skeptiker können von diesen Zuständen in ihren Äußerungen berichten. Hierfür verwenden Skeptiker Ausdrücke, die mit den Kyrenäern, einer sokratischen Schule, in Verbindung gebracht werden. Diese Ausdrücke bedeuten wörtlich verstanden so etwas wie »Ich werde erhitzt« oder »Ich werde weiß gemacht«. Sie zielen darauf ab, Affektionen mitzuteilen, ohne dabei irgendetwas über die Welt zu behaupten. Fine argumentiert, dass die Meinungen der Skeptiker Meinungen über solche Affektionen sind.[294] Mit diesem Vorschlag wendet sich Fine gegen zwei prominente Positionen in der Forschungsdebatte über skeptische Meinung,[295] nämlich dass

1. Skeptiker entweder gar keine Meinungen haben oder dass sie
2. Meinungen haben, die nicht damit einhergehen, dass sie etwas für wahr halten.

Fine schreibt den Skeptikern reflektive Meinungen – Meinungen über den eigenen Geisteszustand – zu.[296]

Unabhängig von der Frage, ob Sextus' Erklärung des skeptischen Denkens tatsächlich reflektive Meinungen über den eigenen Geisteszustand umfasst, sollten wir auf einen wichtigen Unterschied zu späteren Vorschlägen dieser Art eingehen: Philosophen der Folgezeit konzentrieren sich auf eine bestimmte Art von Gewissheit, die mit reflek-

294 Fine 2000.
295 Siehe Abschnitt 4.4.
296 Zu verwandten Themen in zeitgenössischer Erkenntnistheorie siehe Feeney/Schellenberg 2020 und Glüer 2020.

tivem Wissen verbunden ist. Reflektives Wissen wird manchmal als eine Stufe auf dem Weg zu größerem Vertrauen gegenüber unseren kognitiven Fähigkeiten und unserer Fähigkeit, auch andere Arten von Wissen zu erlangen, verstanden. Doch ist es möglicherweise alles andere als selbstverständlich, dass reflektives Wissen diese wichtige Rolle einnehmen kann. So gesehen stünde Augustinus den antiken Denkern näher als modernen Intuitionen. Für ihn sind solche Wissensinstanzen wie »Ich weiß, dass ich denke« nicht das, wonach wir suchen. Augustinus stellt sich vor, dass wir reflektive Wissens-Behauptungen iterativ wiederholen und kombinieren können, so dass wir unendlich vieles auf reflektive Weise wissen (»ich weiß, dass ich weiß, dass ich denke ...«). Doch führt seiner Meinung nach diese Art von Wissen nirgendwo hin. Wenn wir fragen, ob wir Wissen haben können, dann sind wir letztlich interessiert an Wissen von der Welt und von Gott – nicht an Aussagen, die nicht über unseren eigenen Geisteszustand hinausführen.[297]

Moderne Philosophen messen dem privilegierten Zugang, den Denkende zu ihren eigenen kognitiven Tätigkeiten haben, große Bedeutung zu. Augustinus führt eine Unterscheidung ein, die für diese Idee wegbereitend war. Er führt aus, dass der Geist nicht wissen könne, ob er in irgendeiner Weise körperlich oder materiell ist.[298] Doch selbst dann, wenn der Verstand nicht seine eigene (mögliche) Substanz kennt, kennt er seine eigenen Tätigkeiten. Für Augustinus bedeutet das, dass der Geist sich selbst

297 *De Trinitate* 15.12.
298 *De Trinitate* 10.10 und 15.12.

kennt. Der Geist ist genau das, was er von sich selbst weiß: durch das Wissen, dass man etwa denkt, urteilt oder lebt, kennt man den Geist.[299] Dabei ist festzuhalten, dass nach diesem Argument Wissen, dass man lebt und existiert, nicht Wissen über körperliche Existenz, sondern Wissen über mentale Aktivitäten ist.

Schließlich stellen moderne Philosophen sich den speziellen Zugang zu den eigenen mentalen Zuständen nicht nur im Gegensatz zu unserem Zugang zur Welt vor. Sie vergleichen ihn auch mit unserem Zugang zu dem, was im Geist anderer Personen vor sich geht. Eines ihrer Kernprobleme in Bezug auf die Skepsis bezieht sich auf die mentalen Zustände anderer. Wenn unser eigener Geist uns wie nichts anderes zugänglich ist, dann können wir anderen möglicherweise keine mentalen Zustände zuschreiben. So wissen wir möglicherweise nicht, ob jemand, der Schmerzen zu haben scheint, wirklich Schmerz empfindet. Die antiken Skeptiker sprechen nichts Derartiges an.[300] Dies legt nahe, dass eine Unterscheidung zwischen Affektionen des Geistes und der Welt, sofern sie in antiker Skepsis getroffen wird, wesentlich anders als in moderner Skepsis aufgefasst wird.

5.4 Außenweltskepsis

In ihren frühneuzeitlichen Versionen umfasst Außenweltskepsis die Idee, dass es einen Schöpfer gibt – jemanden, der die Welt und unsere Fähigkeiten geschaffen hat und für

299 Vogt 2014a.
300 Warren 2011.

eine Passgenauigkeit oder Pass*un*genauigkeit zwischen der Welt und unseren Fähigkeiten verantwortlich ist. Wenn wir annehmen, dass diese Idee für Außenweltskepsis grundlegend ist, dann beschäftigen sich antike Denker nicht mit diesem Problem. Aus der Perspektive moderner Philosophie gesehen mag antike Skepsis eingeschränkt erscheinen, weil sie sich für einige der radikalsten skeptischen Szenarios nicht interessiert.[301] Doch aus der Perspektive der antiken Skepsis gesehen entspringen frühneuzeitliche Skepsis und ihre langlebigen Probleme einer fehlerhaften Theologie.

Zeitgenössische Ansätze diskutieren Außenweltskepsis manchmal mit Verweis auf folgendes Paradox: Eine Denkerin findet sich hin- und hergerissen zwischen der Stärke skeptischer Argumente und ihren eigenen gewöhnlichen Überzeugungen. So ist sie etwa der Meinung, dass dies hier ihre Hand sei. Doch gesteht sie ein, dass die skeptische Hypothese, nach der ein verrückter Wissenschaftler sie so manipuliert haben könnte, dass sie dementsprechende Wahrnehmungen und Gedanken hat (s. o. das Gehirn-im-Tank-Szenario), schwer zu widerlegen ist.

Diese Art von Gedankenexperiment findet sich in der antiken Skepsis nicht. Entsprechende Überlegungen sind antiker Skepsis auch insofern fremd, als sie gewissermaßen die frühneuzeitliche Idee übernehmen, dass eine äußerst mächtige Figur die Dinge manipuliert und damit sowohl die Fähigkeiten einer Denkerin als auch die Welt, wie sie ihr erscheint, erschafft. Das heißt, aus der Sicht griechischer

301 Burnyeat 1980 [1997] und 1982; Williams 1988; Fine 2003a und 2003b.

Skepsis erscheint das Szenario des allmächtigen Wissenschaftlers als ein Nachfolger theologischer Gedankenexperimente, in denen gefragt wird, ob Gott will, dass wir uns täuschen. Diese Fragestellung kommt in der antiken Skepsis, die bei konfligierenden Erscheinungen und konfligierenden Ansichten zu philosophischen Fragen ansetzt, nicht vor.

Gleichwohl könnten sich antike Denker ihre eigene Form von Außenweltskepsis ersinnen. Um diese Möglichkeit zu untersuchen, könnte man sich auf die Art konzentrieren, wie Sextus das, was außerhalb des Verstandes der Skeptiker liegt, beschreibt.[302] Sextus unterscheidet dabei durchgängig zwischen Erscheinungen und dem, was wirklich der Fall ist.

Ziehen wir einige der Details, mit denen er Letzteres charakterisiert, in Betracht. In den Zehn Modi verwendet Sextus den Ausdruck »*ta ektos hypokeimena*«, ›die externen, zugrunde liegenden Dinge‹.[303] Andere Formulierungen, die auf den gleichen Kontrast mit Erscheinungen abzielen, lauten, wie Dinge »von Natur aus« sind (*physei*),[304] »die zugrundeliegenden Dinge« oder auch die Kombination wie »die Natur der zugrundeliegenden, externen Dinge«.[305] Die Formulierungen, die das Wort »extern« verwenden, könnten so verstanden werden, als ob Sextus auf eine Weise über die externe Welt spricht, wie wir sie aus frühneuzeitlicher Skepsis kennen.

Doch was genau sind die zugrundeliegenden oder externen Gegenstände, so wie Sextus sie sich vorstellt? So

302 Fine 2003 und 2003(2).
303 *PH* 1.61, 127, 128, 134, 144.
304 *PH* 1.78, 123, 140.
305 *PH* 1.117, 163.

spricht Sextus von der zugrundeliegenden Realität davon, ob Honig wirklich süß ist.[306] In solch einem Fall wird angenommen, dass es gewöhnliche Objekte gibt, uns aber die Eigenschaften, die sie wirklich haben, nicht zugänglich sind.[307] Doch sind externe Objekte in Sextus' Sinne auch Gegenstände, die spätere Philosophierende nicht als einen offensichtlichen Teil der externen Welt verstehen würden. So würde eine Antwort auf die Frage, welche Art von Leben ein gutes Leben ausmacht, als Aussage über externe oder zugrundeliegende Realität gelten.[308]

Zieht man seine Diskussionen über Physik heran, so ergibt sich eine andere Herangehensweise an die Frage, ob Sextus über irgendeine Art von Außenweltskepsis nachdenkt oder nicht. Für gewöhnlich nehmen wir an, dass wir in einer Welt leben, in der es etwa Körper, Bewegung, Ort oder Zeit gibt. Doch ist Sextus davon überzeugt, dass wir keine überzeugenden Erklärungen von diesen Kernkonzepten der Physik haben. Dies führt zu Urteilsenthaltung, ob es wirklich etwa Körper, Bewegung, Ort oder Zeit gibt. Sextus' Überlegungen in Bezug auf Physik können sich in einer ziemlich weitreichenden Skepsis über die natürliche Welt zusammenfinden.

306 *PH* 1.19.
307 Fine nennt dies Eigenschaftsskepsis, 2003b.
308 Pellegrin 2010.

Literaturhinweise

Primärquellen

Annas, J. / J. Barnes: Sextus Empiricus. Outlines of Scepticism. Cambridge ²2000.
Bett, R.: Sextus Empiricus: Against the Ethicists (Adversus Mathematicos XI). Oxford 1997.
– Sextus Empiricus: Against the Logicians. Cambridge 2005.
– Sextus Empiricus: Against the Physicists. Cambridge 2012.
– Sextus Empiricus: Against Those in the Disciplines. Oxford 2018.
Bettenson, H.: Augustine: City of God. London 2003.
Blank, D. L.: Sextus Empiricus: Against the Grammarians (Adversus Mathematicos I). Oxford 1998.
Brittain, C.: Cicero: On Academic Scepticism. Indianapolis/Cambridge 2006.
Bury, R. G.: Sextus Empiricus. (Loeb Classical Library.) 4 Bde. Cambridge 1933–49.
Chadwick, H.: Augustine: Confessions. Oxford 1991.
Corti, Lorenzo: Sextus Empiricus: Against the Arithmeticians. Leiden 2024.
Decleva Caizzi, F.: Pirrone: Testimonianze. Neapel 1981.
Diels, H. / W. Kranz (Hrsg.): Die Fragmente der Vorsokratiker. 3 Bde. Repr. der 6. Aufl. Berlin 1996 [DK].
Drake, S.: Discoveries and Opinions of Galileo. New York 1957.
Hicks, R.: Diogenes Laertius: Lives of Eminent Philosophers. (Loeb Classical Library.) 2 Bde. Cambridge 1991. Repr. der 2. Aufl. [DL].
Hume, D.: An Enquiry Concerning Human Understanding. London 1748. Repr. in: Enquiries Concerning the Human Understanding and Concerning the Principles of Morals. L. A. Selby-Bigge (Hrsg.), revised P. H. Nidditch, Oxford 1975.
Khalidi, M. A. / K. Ameriks, / D. Clarke (Hrsg.): Medieval Islamic Philosophical Writings. Cambridge 2005.
Long, A. A. / D. N. Sedley: The Hellenistic Philosophers. Cambridge 1987 [LS].

Mates, B.: The Skeptic Way: Sextus Empiricus' Outlines of Pyrrhonism. New York 1996.
Schoedinger, A. B.: Readings in Medieval Philosophy. New York 1996.
Vogt, K.: Pyrrhonian Skepticism in Diogenes Laertius. (Sapere. 25.) Tübingen 2015.
Wittgenstein, L.: Tractatus Logico-Philosophicus. London 1922.

Sekundärliteratur

Ainslie, D. C.: Hume's Scepticism and Ancient Scepticisms. In: J. Miller / B. Inwood (Hrsg.): Hellenistic and Early Modern Philosophy. Cambridge 2003. S. 251–273.
Algra, K. / J. Barnes / J. Mansfeld / M. Schofield (Hrsg.): The Cambridge History of Hellenistic Philosophy. Cambridge 1999.
Alesse, F.: La Stoa e la Tradizione Socratica. Neapel 1999.
Allen, J.: Academic Probabilism and Stoic Epistemology. In: Classical Quarterly 44 (1994) S. 85–113.
– Inference From Signs: Ancient Debates About the Nature of Evidence. Oxford 2001.
– Carneades. In: E. N. Zalta (Hrsg.): The Stanford Encyclopedia of Philosophy (Fall 2004 Edition): https://plato.stanford.edu/archives/fall2004/entries/carneades/
– Pyrrhonism and Medicine. In: R. Bett (Hrsg.): The Cambridge Companion to Ancient Scepticism. Cambridge 2010. S. 232–248.
– Aporia and the New Academy. In: G. Karamanolis / V. Politis (Hrsg.): The Aporetic Tradition in Ancient Philosophy. Cambridge 2018. S. 172–191.
– Radicalism and Moderation in the New Academy. In: Phronesis 67 (2022) S. 133–160.
Annas, J.: Scepticism, Old and New. In: M. Frede / G. Striker (Hrsg.): Rationality in Greek Thought. Oxford 1996. S. 239–254.
– Hume and Scepticism. In: J. Sihvola (Hrsg.): Ancient Scepticism and the Sceptical Tradition. Helsinki 2000. S. 271–285.
– / J. Barnes: The Modes of Scepticism: Ancient Texts and Modern Interpretations. Cambridge 1985.

Arenson, K. (Hrsg.): The Routledge Handbook of Hellenistic Philosophy. New York 2020.
Bailey, A.: Sextus Empiricus and Pyrrhonean Scepticism. Oxford 2002.
Barnes, J.: The Beliefs of a Pyrrhonist. In: Proceedings of the Cambridge Philological Society 28 (1982) S. 1–29.
– Ancient Skepticism and Causation. In: M. F. Burnyeat (Hrsg.): The Skeptical Tradition. Berkeley 1983. S. 149–203.
– The Toils of Scepticism, Cambridge 1990a.
– Pyrrhonism, Belief and Causation: Observations on the Scepticism of Sextus Empiricus. In: Aufstieg und Niedergang der Römischen Welt II 36 (1990b) Nr. 4. S. 2608–2695.
– Diogenes Laertius IX 61–116: The Philosophy of Pyrrhonism. In: Aufstieg und Niedergang der Römischen Welt II 36 (1992) Nr. 6. S. 4241–4301.
– / J. Brunschwig / M. F. Burnyeat / M. Schofield (Hrsg.): Science and Speculation: Studies in Hellenistic Theory and Practice. Cambridge 1982.
Barney, R.: Impressions and Appearances. In: Phronesis 37 (1992) Nr. 3. S. 283–313.
Berry, J.: Nietzsche and the Ancient Skeptical Tradition. Oxford 2011.
– Sextan Skepticism and the Rise and Fall of German Idealism. In: K. M. Vogt / J. Vlasits (Hrsg.): Epistemology After Sextus Empiricus. New York 2020.
Bett, R.: Carneades' Pithanon: A Reappraisal of its Role and Status. In: Oxford Studies in Ancient Philosophy 7 (1989) S. 59–94.
– Carneades' Distinction between Assent and Approval. In: Monist 73 (1990) Nr. 3. S. 3–20.
– What did Pyrrho Think About ›The Nature of the Divine and the Good‹? In: Phronesis 39 (1994) S. 303–337.
– Sextus' Against the Ethicists: Scepticism, Relativism, or Both? In: Apeiron 27 (1994) S. 123–161.
– Pyrrho, his Antecedents, and his Legacy. Oxford 2000.
– Pyrrho. In: E. N. Zalta (Hrsg.): The Stanford Encyclopedia of Philosophy (Summer 2006a edition): https://plato.stanford.edu/archives/sum2006/entries/pyrrho/

Bett, R.: Timon of Phlius. In: E. N. Zalta (Hrsg.): The Stanford Encyclopedia of Philosophy (Summer 2006b edition): https://plato.stanford.edu/archives/sum2006/entries/timon-phlius/
– Le signe dans la tradition pyrrhonienne. In: J. Kany-Turpin (Hrsg.): Signe et prédiction dans l'antiquité. Saint-Étienne 2005. S. 29–48.
– Socrates and the Sceptics. In: S. Ahbel-Rappe / R. Kamtekar (Hrsg.): A Companion to Socrates. Oxford 2006. S. 298–311.
– (Hrsg.): The Cambridge Companion to Ancient Scepticism. Cambridge 2010.
– Scepticism and Ethics. In: Bett 2010a. S. 181–194.
– How Ethical Can an Ancient Sceptic Be? In: D. Machuca (Hrsg.): Pyrrhonism in Ancient, Modern, and Contemporary Philosophy. Dordrecht 2011. S. 3–17.
– The Pyrrhonist's Dilemma: What to Write if you Have Nothing to Say. In: M. Erler / J. E. Hessler (Hrsg.): Argument und literarische Form in antiker Philosophie, Akten des 3. Kongresses der Gesellschaft für antike Philosophie 2010. Berlin 2013. S. 389–410.
– Ancient Scepticism. In: R. Crisp (Hrsg.): Oxford Handbook of the History of Ethics. Oxford 2013b. S. 112–128.
– How to be a Pyrrhonist: The Practice and Significance of Pyrrhonian Skepticism. Cambridge 2019.
– Echoes of Sextus Empiricus in Nietzsche? In: K. M. Vogt / J. Vlasits (Hrsg.): Epistemology After Sextus Empiricus. New York 2020a.
– Gorgias' Περὶ τοῦ μὴ ὄντος and Its Relation to Skepticism. In: International Journal for the Study of Skepticism 10 (2020b) Nr. 3–4. S. 187–208.
Bobzien, S.: Determinism and Freedom in Stoic Philosophy. Oxford 1998.
– Sextus on Time: Notes on Sceptical Method and Doxographical Transmission. In: K. Algra / K. Ierodiakonou (Hrsg.): Sextus Empiricus and Ancient Physics. Cambridge 2015. S. 275–323.
Brittain, C.: Philo of Larissa: The Last of the Academic Sceptics. Oxford 2001.
– Arcesilaus. In: E. N. Zalta (Hrsg.): The Stanford Encyclopedia of Philosophy (Spring 2005 Edition): https://plato.stanford.edu/archives/spr2005/entries/arcesilaus/

- Common Sense: Concepts, Definition and Meaning in and out of the Stoa. In: D. Frede / B. Inwood (Hrsg.): Language and Learning. Philosophy of Language in the Hellenistic Age. (Proceedings of the Ninth Symposium Hellenisticum.) Cambridge 2005. S. 164–209.
- The Compulsions of Stoic Assent. In: M. K. (Mitzi) Lee (Hrsg.): Strategies of Argument: Essays in Ancient Ethics, Epistemology, and Logic. New York 2014. S. 332–355.
- / J. Palmer: The New Academy's Appeals to the Presocratics. In: Phronesis 46 (2001) S. 38–72.

Broughton, J.: Descartes's Method of Doubt. Princeton 2002.

Brunschwig, J.: Sextus Empiricus on the kritêrion: the Sceptic as Conceptual Legatee. In: J. Dillon and A. Long (Hrsg.): The Question of ›Eclecticism‹: Studies in Later Greek Philosophy. Berkeley 1988. S. 145–175.
- La formule hoson epi tôi logôi chez Sextus Empiricus. In: Le Scepticisme Antique. Cahier de la Revue de Théologie et de Philosophie 15 (1990) S. 107–121.

Burnyeat, M. F.: Protagoras and Self-Refutation in Later Greek Philosophy. In: Philosophical Review 135 (1976) S. 44–69.
- The Upside-Down Back-to-Front Sceptic of Lucretius IV 472. In: Philologus 122 (1978) S. 197–206.
- Can the Sceptic Live his Scepticism? In: M. Schofield / M. F. Burnyeat / J. Barnes (Hrsg.): Doubt and Dogmatism: Studies in Hellenistic Epistemology. Oxford 1980. S. 20–53.
- Tranquillity Without a Stop: Timon, Frag. 68. In: Classical Quarterly 30 (1980b) S. 86–93.
- Socrates and the Jury: Paradoxes in Plato's Distinction between Knowledge and True Belief, Part I. In: Proceedings of the Aristotelian Society (Supplement) 54 (1980c) S. 173–191.
- Idealism and Greek Philosophy: What Descartes Saw and Berkeley Missed. In: Philosophical Review 91 (1982) S. 3–40.
- (Hrsg.): The Skeptical Tradition. Berkeley 1983.
- The Sceptic in his Place and Time. In: R. Rorty / J. B. Schneewind / Q. Skinner (Hrsg.): Philosophy in History. Cambridge 1984. S. 225–254.
- All the World's a Stage-Painting: Scenery, Optics, and Greek Epis-

temology. In: Oxford Studies in Ancient Philosophy 52 (2017) S. 33–75.
Burnyeat, M. / M. Frede (Hrsg.): The Original Sceptics. Indianapolis/ Cambridge 1997.
Carriero, J.: Between Two Worlds: A Reading of Descartes's Meditations. Princeton 2008.
Castagnoli, L.: Self-Bracketing Pyrrhonism. In: Oxford Studies in Ancient Philosophy 18 (2000) S. 263–328.
– Ancient Self-Refutation: The Logic and History of the Self-Refutation Argument from Democritus to Augustine. Cambridge 2010.
Clayman, D.: Timon of Phlius: Pyrrhonism into Poetry. Berlin 2009.
Code, A.: Aristotle and the History of Skepticism. In: A. Nightingale / D. Sedley (Hrsg.): Ancient Models of Mind: Studies in Human and Divine Rationality. Cambridge 2010. S. 97–109.
Cooper, J.: Method and Science in On Ancient Medicine. In: H. Linneweber-Lammerskitten / G. Mohr (Hrsg.): Interpretation and Argument. Würzburg 2002. Repr. in: Cooper 2004a. S. 3–42.
– Knowledge, Nature, and the Good: Essays on Ancient Philosophy. Princeton 2004a.
– Arcesilaus: Socratic and Sceptic. In: L. Judson / V. Karasmanis (Hrsg.): Remembering Socrates: Philosophical Essays. New York 2006.
– Pursuits of Wisdom: Six Ways of Life in Ancient Philosophy from Socrates to Plotinus. Princeton 2012.
Corti, L.: Scepticisme et langage. Paris 2009.
– Scepticisme sans doute. In: A. Longo / M. Bonelli (Hrsg.): ›Quid est veritas?‹ Hommage à Jonathan Barnes. Neapel 2010. S. 157–177.
– Skepticism and Hypothetical Method. In: A. Longo / D. del Forno (Hrsg.): Elenchos: Argument from Hypothesis in Ancient Philosophy. Neapel 2011. S. 281–302.
– Hidden Causes: Ancient Skeptics and Doctors and Modern Thinkers on the Perceivability of Causal Links. In: C. Natali / C. Viano (Hrsg.): Le débat sur les causes à l'âge hellénistique et imperial. Louvain-la-Neuve 2014. S. 95–117.
– DL IX 74–77: Mind and Language of the Laërtian Pyrrhonist. In: Vogt 2015. S. 123–145.

– Scepticism, Number and Appearances: the ἀριθμητικὴ τέχνη and Sextus' Targets in M I–VI. In: Philosophie Antique 15 (2015b) S. 123–147.
– Sextus, the Number two and the Phaedo. In: S. Delcomminette [u. a.] (Hrsg.): Ancient Readings of Plato's Phaedo. Leiden 2015c. S. 90–106.
Couissin, P.: The Stoicism of the New Academy. In: Burnyeat 1983. S. 31–63. Translation of Couissin 1929. Le stoicisme de la nouvelle Academie. In: Revue d'historie de la philosophie 3 (1983) S. 241–276.
Everson, S.: Epicurus on the Truth of the Senses. In: S. E. (Hrsg.): Epistemology: Companions to Ancient Thought 1. Cambridge 1990. S. 161–183.
– The Objective Appearance of Pyrrhonism. In: S. E. (Hrsg.): Psychology: Companions to Ancient Thought 2. Cambridge 1991. S. 121–147.
Feeney, M. / S. Schellenberg: Bayesian Liberalism. In: J. Vlasits / K. M. Vogt (Hrsg.): Epistemology After Sextus Empiricus. New York 2020. S. 75–88.
Fine, G.: Sceptical Dogmata: Outlines of Pyrrhonism I 13. In: Methexis 13 (2000a) S. 81–105.
– Descartes and Ancient Skepticism: Reheated Cabbage? In: Philosophical Review 109 (2000b) S. 195–234.
– Subjectivity, Ancient and Modern: The Cyrenaics, Sextus, and Descartes. In: J. Miller / B. Inwood (Hrsg.): Hellenistic and Early Modern Philosophy. Cambridge 2003a. S. 192–231.
– Sextus and External World Scepticism. In: Oxford Studies in Ancient Philosophy 23 (2003b) S. 341–385.
– Does Socrates Claim To Know That He Knows Nothing? In: Oxford Studies in Ancient Philosophy 35 (2008) S. 49–88.
– Concepts and Inquiry: Sextus and the Epicureans. In: B. Morison / K. Ierodiakonou (Hrsg.): Episteme, etc.: Essays in Honour of Jonathan Barnes. Oxford 2011. S. 90–113.
Fine, G.: The Possibility of Inquiry: Meno's Paradox from Socrates to Sextus. Oxford 2014.
– Essays in Ancient Epistemology. Oxford 2021.

Frede, M.: Des Skeptikers Meinungen. In: Neue Hefte für Philosophie 15/16 (1979) S. 102–129. Repr. in: The Sceptic's Beliefs. In: Burnyeat/Frede 1997. S. 1–24.
– Stoics and Sceptics on Clear and Distinct Impressions. In: M. Burnyeat 1983. S. 65–94.
– The Sceptic's Two Kinds of Assent and the Question of the Possibility of Knowledge. In: R. Rorty / J. B. Schneewind / Q. Skinner (Hrsg.): Philosophy in History. Cambridge 1984. S. 255–278.
– An Empiricist View of Knowledge: Memorism. In: Everson 1990. S. 225–250.
– The Stoic Conception of Reason. In: K. J. Boudouris (Hrsg.): Hellenistic Philosophy. Bd. 2. Athen 1994. S. 50–61.
– Introduction. In: M. Frede / G. Striker (Hrsg.): Rationality in Greek Thought. Oxford 1996. S. 1–28.
– The Sceptics. In: D. Furley (Hrsg.): Routledge History of Philosophy. Bd. 2. From Aristotle to Augustine. London 1997. S. 253–286.
– Stoic Epistemology. In: Algra 1999. S. 295–322.
– Aristotle on Thinking. In: Rhizai: A Journal for Ancient Philosophy and Science 2 (2008) S. 287–301.
Flintoff, E.: Pyrrho and India. In: Phronesis 25 (1980) S. 88–108.
Garrett, D.: Pyrrhonian Skepticism and Humean Skepticism: Belief, Evidence, and Causal Power. In: K. M. Vogt / J. Vlasits (Hrsg.): Epistemology After Sextus Empiricus. New York 2020. S. 213–236.
Glidden, D. K.: Skeptic Semiotics. In: Phronesis 28 (1983) S. 213–255.
Glüer, K.: Illusory Looks. In: J. Vlasits / K. M. Vogt (Hrsg.): Epistemology After Sextus Empiricus, New York 2020. S. 48–74.
González Quintero, C.: Academic Skepticism in Hume and Kant. Cham 2022.
Grgic, F.: Sextus Empiricus on the Goal of Skepticism. In: Ancient Philosophy 26 (2006) S. 141–160.
Hankinson, R. J.: Causes and Empiricism: A Problem in the Interpretation of Later Greek Medical Method. In: Phronesis 32 (1987) S. 329–348.
– (Hrsg.): Method, Medicine and Metaphysics: Studies in the Philosophy of Ancient Science. In: Apeiron XXI (1988) Nr. 2.

- Values, Objectivity and Dialectic: The Sceptical Attack on Ethics; Its Methods, Aims and Success. In: Phronesis 49 (1994) S. 45 f.
- The Sceptics. London 1995.
- Stoic Epistemology. In: Inwood 2003. S. 59–84.
- Aenesidemus and the Rebirth of Pyrrhonism. In: Bett 2010. S. 105–119.

Hanner, O. (Hrsg.): Buddhism and Scepticism: Historical, Philosophical, and Comparative Perspectives. Freiburg/Bochum 2020.

Heck, P.: Skepticism in Classical Islam: Moments of Confusion. London 2014.

House, D. K.: The Life of Sextus Empiricus. In: Classical Quarterly 30 (1980) S. 227–238.

Inwood, B.: Ethics and Human Action in Early Stoicism. Oxford 1985.
- (Hrsg.): Cambridge Companion to the Stoics. Cambridge 2003.
- / J. Mansfeld (Hrsg.): Assent and Argument. (Studies in Cicero's Academic Books.) Proceedings of the Seventh Symposium Hellenisticum. Leiden 1997.

Irwin, T. (Hrsg.): Classical Philosophy: Collected Papers. 8 Bde. New York 1995.

Janácek, K.: Prolegomena to Sextus Empiricus. Olmütz 1948.
- Sextus Empiricus' Sceptical Methods. Prag 1972.

Johnson, B.: On the Coherence of Pyrrhonian Skepticism. In: The Philosophical Review 110 (2001) S. 521–61.

Kirwan, C.: Augustine Against the Skeptics. In: Burnyeat 1983. S. 205–223.

Kukkonen, T.: Al-Ghazali's Skepticism Revisited. In: H. Lagerlund (Hrsg.): A History of Skepticism in the Middle Ages. Leiden 2009. S. 29–59.

Lagerlund, H. (Hrsg.): A History of Skepticism in the Middle Ages. Leiden 2009.
- Skepticism in Philosophy: A Comprehensive, Historical Introduction. New York 2020.

Lee, M.: Epistemology after Protagoras: Responses to Relativism in Plato, Aristotle, and Democritus. Oxford 2005.
- Antecedents in Early Greek Philosophy. In: Bett 2010. S. 13–35.

Lesher, J. H.: Early Interest in Knowledge. In: A. A. Long (Hrsg.): Cambridge Companion to Early Greek Philosophy. Cambridge 1999. S. 225–249.
Lévy, C.: The Sceptical Academy: Decline and Afterlife. In: Bett 2010. S. 81–104.
Long, A. A.: From Epicurus to Epictetus: Studies in Hellenistic and Roman Philosophy. Oxford 2006.
Machuca, D. E.: The Pyrrhonist's ataraxia and philanthrôpia. In: Ancient Philosophy 26 (2006) S. 111–139.
– Sources of Doxastic Disturbance in Sextus Empiricus. In: Oxford Studies in Ancient Philosophy 56 (2019) S. 193–214.
– Pyrrhonism Past and Present: Inquiry, Disagreement, Self-Knowledge, and Rationality. Cham 2022.
– / B. Reed: Skepticism: From Antiquity to the Present. London 2018.
Machek, D. / M. Veres: Expert Impressions in Stoicism. In: Archiv für Geschichte der Philosophie (2021). doi:10.1515/agph-2021-0038.
Malink, M.: Hypothetical Syllogisms and Infinite Regress. In: K. M. Vogt / J. Vlasits (Hrsg.): Epistemology after Sextus Empiricus. New York 2020. S. 129–151.
Marchand, S.: Sextus Empiricus: les effets politiques de la suspension du jugement. In: Elenchos: Rivista di studi sul pensiero antico 35 (2015) Nr. 2. S. 311–342.
– Pyrrhonism and the Value of Law. In: Polis: The Journal for Ancient Greek and Roman Political Thought 38 (2021) Nr. 3. 573–587.
McPherran, M.: Sceptical Homeopathy and Self-Refutation. In: Phronesis 32 (1987) S. 290–328.
– Ataraxia and Eudaimonia in Ancient Pyrrhonism: Is the Sceptic Really Happy? In: J. J. Cleary / D. C. Shartin (Hrsg.): Proceedings of the Boston Area Colloquium in Ancient Philosophy (1989). S. 135–171.
– Pyrrhonism's Arguments against Value. In: Philosophical Studies 60 (1990) S. 127–142.
Menn, S.: Descartes and Augustine. Cambridge 1998.
– The Discourse on the Method and the Tradition of Intellectual Autobiography. In: J. Miller / B. Inwood (Hrsg.): Hellenistic and Early Modern Philosophy. Cambridge 2003. S. 141–191.

Mill, E.: Three Pillars of Skepticism in Classical India: Nāgārjuna, Jayarāśi, and Śrī Harṣa. Lanham 2018.

Morison, B.: The Logical Structure of the Sceptic's Opposition. In: J. Allen / E. K. Emilsson / B. Morison / W.-R. Mann (Hrsg.): Essays in Memory of Michael Frede. Oxford Studies in Ancient Philosophy 40 (2011) S. 265–295.

– The Sceptic's Modes of Argumentation. In: T. Bénatouïl / K. Ierodiakonou (Hrsg.): Dialectic after Plato and Aristotle. Cambridge 2018. S. 283–317.

Moss, J. / W. Schwab: The Birth of Belief. In: Journal of the History of Philosophy 57 (2019) Nr. 1. S. 1–32.

Nawar, T.: The Stoic Account of Apprehension, In: Philosophers' Imprint 14 (2014) Nr. 29.

– The Stoics on Identity, Identification, and Peculiar Qualities. In: Proceedings of the Boston Area Colloquium of Ancient Philosophy 32 (2017) Nr. 1. S. 113–159.

– Augustine's Defense of Knowledge against the Skeptics. In: Oxford Studies in Ancient Philosophy 56 (2019) S. 215–65.

Nussbaum, M.: Sceptic Purgatives: Disturbance and the Life Without Belief. In: M. N.: The Therapy of Desire: Theory and Practice in Hellenistic Ethics. Princeton 1994. S. 280–315.

Obdrzalek, S.: Living in Doubt: Carneades' Pithanon Reconsidered. In: Oxford Studies in Ancient Philosophy 31 (2006) S. 243–280.

– From Skepticism to Paralysis. In: Ancient Philosophy 32 (2013) Nr. 2. S. 369–392.

Olfert, C.: Skeptical Investigation and its Perks. In: K. M. Vogt (Hrsg.): Diogenes Laertius's Lives of Philosophers IX.61–161 (2015). S. 147–170.

– Pyrrhonian Skepticism on Gender and Virtue. In: S. Brill / C. McKeen (Hrsg.): The Routledge Handbook of Women and Ancient Greek Philosophy. Oxford 2024.

Pagin, P.: The Force of Assumptions and Self-Attributions. In: K. M. Vogt / J. Vlasits (Hrsg.): Epistemology After Sextus Empiricus. New York 2020. S. 116–128.

Palmer, J.: Skeptical Investigation. In: Ancient Philosophy 20 (2000) S. 351–373.

Pellegrin, P.: Sextus Empiricus. In: Bett 2010. S. 120–142.
Perin, C.: Pyrrhonian Scepticism and the Search for Truth. In: Oxford Studies in Ancient Philosophy 30 (2006) S. 337–360.
– Making Sense of Arcesilaus. In: Oxford Studies in Ancient Philosophy 45 (2013) S. 313–338.
Powell, J. G. F.: The Embassy of the Three Philosophers to Rome in 155 BC. In: C. Kremmydas / K. Tempest (Hrsg.): Hellenistic Oratory: Continuity and Change. Oxford 2013. S. 219–247.
Powers, N.: The System of the Sceptical Modes in Sextus Empiricus. In: Apeiron 43 (2010) S. 157–171.
Ricken, F.: Antike Skeptiker. München 1984.
Sassi, M. M.: Senofane Fra I Sofisti. Dai Limiti Della Conoscenza (21B34 DK). In: Methexis 24 (2011) S. 7–20.
Schmitt, J.: Are Assent and Suspension to Kataleptic Impressions Voluntary? In: V. Werner / A. Zinke (Hrsg.): Suspension in Epistemology and Beyond. Routledge [im Erscheinen]. (Zit. als Schmitt a.)
– Sextus Empiricus on Sophisms and Expert Knowledge. Schwabe [im Erscheinen]. (Zit. als Schmitt b.)
– Sextus versus a galenic Doctor on Sophisms. In K. Ierodiakonou / M. Veres (Hrsg.): Sextus' Logic in Context. History of Philosophy and Logical Analysis. [Im Erscheinen]. (Zit. als Schmitt c.)
Schofield, M. / M. F. Burnyeat / J. Barnes (Hrsg.): Doubt and Dogmatism: Studies in Hellenistic Epistemology. Oxford 1980.
Schwab, W.: Understanding Episteme in Plato's Republic. In: Oxford Studies in Ancient Philosophy 51 (2016) S. 41–85.
– Skeptical Defenses Against the Inaction Objection. In: K. Arenson (Hrsg.): The Routledge Handbook of Hellenistic Philosophy. London 2020. S. 184–198.
Sedley, D. N.: The Stoic Criterion of Identity. In: Phronesis 27 (1982) Nr. 3. S. 255–275.
– The Motivation of Greek Skepticism. In: Burnyeat 1983. S. 9–29.
– Zeno's Definition of Phantasia Kataleptike. In: T. Scaltsas / A. S. Mason (Hrsg.): The Philosophy of Zeno, Larnaca 2002. S. 133–154.
– Diogenes Laertius on the Ten Pyrrhonist Modes. In: Vogt 2015. S. 171–185.

Shogry, S.: Creating a Mind Fit for Truth: the Stoic Account of the Kataleptic Impression. In: Ancient Philosophy 38 (2018) Nr. 2. S. 357–81.
– What Do Our Impressions Say? The Stoic Theory of Perceptual Content and Belief Formation. In: Apeiron 52 (2019) Nr. 1. S. 29–63.
– The Stoic Appeal to Expertise: Platonic Echoes in the Reply to Indistinguishability. In: Apeiron 54 (2021) Nr. 2. S. 129–159.
Sienkiewicz, S.: Five Modes of Scepticism: Sextus Empiricus and the Agrippan Modes. Oxford 2019.
– The Sceptic's Art: Varieties of Expertise in Sextus Empiricus. In: T. Johansen (Hrsg.): Productive Knowledge in Ancient Philosophy. Cambridge 2021. S. 226–244.
– Proof Against Proof: A Reading of Sextus Empiricus' Against the Logicians 8. 463–81. In: Oxford Studies in Ancient Philosophy 61 Winter 2021 (delayed publication in 2022).
Sihvola, J. (Hrsg.): Ancient Scepticism and the Sceptical Tradition. (Acta Philosophica Fennica. 66.) Helsinki 2000.
Smith, P. J.: Sextus Empiricus' Neo-Pyrrhonism: Skepticism as a Rationally Ordered Experience. Cham 2022.
Sorensen, R.: Commercial Applications of Skepticism. In: W. Sinnott-Armstrong (Hrsg.): Pyrrhonian Scepticism. New York 2004. S. 208–232.
Striker, G.: Kritêrion tês alêtheias. Nachrichten der Akademie der Wissenschaften zu Göttingen, 1. Phil.-hist. Klasse 2 (1974) S. 48–110.
– Sceptical Strategies. In: Schofield 1980. S. 54–83.
– Über den Unterschied zwischen den Pyrrhoneern und den Akademikern. In: Phronesis 26 (1981) S. 353–369.
– The Ten Tropes of Aenesidemus. In: Burnyeat 1983. S. 95–115.
– The Problem of the Criterion. In: Everson 1990. S. 143–160.
– Ataraxia: Happiness as Tranquillity. In: Monist 73 (1990) S. 97–110.
– Essays on Hellenistic Epistemology and Ethics. Cambridge 1996.
– Ataraxia: Happiness as Tranquillity. In: Striker 1996. S. 183–195.
– Scepticism as a Kind of Philosophy. In: Archiv für Geschichte der Philosophie 83 (2001) S. 113–129.

– Historical Reflections on Classical Pyrrhonism and Neo-Pyrrhonism. In: Sinnott-Armstrong 2004. S. 13–24.
Striker, G.: Academics Versus Pyrrhonists, Reconsidered. In: Bett 2010. S. 195–207.
Svavarsson, S. H.: Pyrrho's Dogmatic Nature. In: Classical Quarterly 52 (2002) Nr. 1. S. 248–256.
– Pyrrho's Undecidable Nature. In: Oxford Studies in Ancient Philosophy 27 (2004) S. 249–295.
– Pyrrho and Early Pyrrhonism. In: Bett 2010. S. 36–57.
– Sextus Empiricus on Persuasiveness and Equipollence. In: M.-K. (Mitzi) Lee (Hrsg.): Strategies of Argument: Essays in Ancient Ethics, Epistemology, and Logic. Oxford 2014. S. 356–374.
Taylor, C. C. W.: All Perceptions are True. In: Schofield 1980. S. 105–124.
Thorsrud, H.: Ancient Scepticism. Berkeley 2009.
– Arcesilaus and Carneades. In: Bett 2010. S. 58–80.
– Arcesilaus: Socratic Skepticism in Plato's Academy. In: Lexicon Philosophicum: International Journal for the History of Texts and Ideas (2018). doi:10.19283/lph-2018.568.
– Sextus Empiricus on the Siren Song of Reason and the Skeptical Defense of Ordinary Life. In: Logos and Episteme 10 (2019) Nr. 1. S. 15–29.
Vasiliou, I.: Ancient Philosophy and Disjunctivism: The Case of the Stoics. In: C. Doyle / J. Milburn / D. Pritchard (Hrsg.): New Issues in Epistemological Disjunctivism. London / New York 2019. S. 61–88.
Veres, M.: Sextus Empiricus on Religious Dogmatism. In: V. Caston (Hrsg.): Oxford Studies in Ancient Philosophy 58 (2020a) S. 239–280.
– Keep Calm and Carry On: Sextus Empiricus on the Origins of Pyrrhonism. In: History of Philosophy and Logical Analysis 23 (2020b) Nr. 1. S. 100–122.
– How to Resist Musical Dogmatism: The Aim and Methods of Pyrrhonian Inquiry in Sextus Empiricus' Against the Musicologists (Math. 6). In: F. Pelosi / F. M. Petrucci (Hrsg.): Music and Philosophy in the Roman Empire. Cambridge 2021. S. 108–130.

Vlasits, J.: The First Riddle of Induction: Sextus Empiricus and the Formal Learning Theorists. In: K. M. Vogt / J. Vlasits (Hrsg.): Epistemology After Sextus Empiricus, New York 2020a. S. 237–253.
– Pyrrhonism and the Dialectical Methods: The Aims and Argument of Outlines of Pyrrhonism II. In: History of Philosophy & Logical Analysis 23 (2020b) S. 225–252.
– / K. M. Vogt (Hrsg.): Epistemology After Sextus Empiricus. New York 2020.
Vogt, K. M.: Skepsis und Lebenspraxis. Stuttgart 1998.
– Law, Reason, and the Cosmic City: Political Philosophy in the Early Stoa. New York 2008.
– Scepticism and Action. In: Bett 2010. S. 165–180.
– Belief and Truth: A Skeptic Reading of Plato. New York 2012a.
– Appearances and Assent: Skeptical Belief Reconsidered. In: Classical Quarterly 62 (2012b) S. 648–663.
– The Hellenistic Academy. In: F. Sheffield / J. Warren (Hrsg.): Routledge Companion to Ancient Philosophy, New York / London 2013. S. 482–495.
– From Investigation to Doubt: The Beginnings of Modern Skepticism. In: G. Williams / K. Volk (Hrsg.): Roman Reflections: Essays on Latin Philosophy. Oxford 2015a. S. 260–274.
– All Sense-Perceptions are True: Epicurean Responses to Skepticism and Relativism. In: J. Lezra (Hrsg.): Lucretius and Modernity. London 2017. S. 145–159.
– No More This Than That: Pyrrhonian Indeterminacy. In: Midwest Studies in Philosophy 45 (2021) S. 57–76.
– Vagueness and Kataleptic Impressions. In: Proceedings of the Aristotelian Society (Supplement) XCVI (2022) S. 165–183.
– (Hrsg.): Pyrrhonian Skepticism in Diogenes Laertius. (Sapere. 25.) Tübingen 2015.
Voelke, A.-J.: Soigner par le logos: La thérapeutique de Sextus Empiricus. In: A.-J. V. (Hrsg.): Le scepticisme antique: perspectives historiques et systématiques. Cahiers de la Revue de Théologie et de Philosophie 15 (1990) S. 181–192.
Warren, J.: Precursors of Pyrrhonism: Diog. Laert. 9.67–73. In: Vogt 2015. S. 105–121.

Williams, M.: Skepticism without Theory. In: The Review of Metaphysics 41 (1988) Nr. 3. S. 547–588.
– Descartes' Transformation of the Sceptical Tradition. In: Bett 2010. S. 288–313.
Woodruff, P.: The Sceptical Side of Plato's Method. In: Revue Internationale de Philosophie 40 (1986) S. 22–37.
– Aporetic Pyrrhonism. In: Oxford Studies in Ancient Philosophy 6 (1988) S. 139–168.
– The Pyrrhonian Modes. In: Bett 2010. S. 208–231.

Inhalt